John Holt
Wie kleine Kinder schlau werden

John Holt

Wie kleine kinder schlau werden

Selbständiges Lernen im Alltag

Vorwort von Ute Andresen

Titel der Originalausgabe: How Children learn
© 1967 by Pitman Publishing Corporation, New York
Aus dem Amerikanischen übertragen von Werner Gußmann

4. Auflage
© 1998 Beltz Verlag, Weinheim und Basel
Lektorat: Claus Koch
Herstellung: Iris Walther
Umschlaggestaltung: Federico Luci, Mailand
Umschlagphoto: © Tony Stone
Satz: Satz- und Reprotechnik GmbH, Hemsbach
Druck und Bindung: Druckhaus Beltz, Hemsbach
Printed in Germany
ISBN 3-407-85727-6

Inhalt

Vorwort

Wie Kinder sind, glauben wir immer schon zu wissen. Traditionen, allerlei Ratgeber, die Wissenschaften sagen es uns. Lästig ist nur: Sie widersprechen einander. Je mehr wir uns unter ihnen umtun, desto brüchiger und fadenscheiniger wird unser Wissen. Sollen denn eigene Lebenserfahrungen, gesunder Menschenverstand und Intuition reichen, wenn wir verstehen wollen, wie Kinder denken, fühlen, sich zurechtfinden in der Welt? Welche Kinder? Geht es nicht eigentlich immer um ein bestimmtes Kind und unsere Beziehung zu diesem einen? Wer zeigt uns, was wir wissen müssen, um ihm gerecht zu werden?

Holt erzählt, was er kleine Kinder tun sieht, und uns gehen die Augen auf. Das Kind auf dem Schoß seines Vaters am Nachbartisch, das einen Turm aus Bechern baut, rückt ins Licht unserer Aufmerksamkeit und wir staunen darüber, wie ausdauernd und ernst es bei seinem Spiel ist.

Holt berichtet, wie kleine Kinder Erfahrungen sammeln, und wir werden neugierig auf das, was uns selbst umgibt. Das Kind rutscht vom Schoß des Vaters, hält sich an seinem Daumen fest, entfernt sich, läßt den Daumen los, steht wie angewurzelt und schaut mit offenem Mund dem Kellner zu, der uns die Teller hinstellt.

Holt entwickelt Vermutungen darüber, wie kleine Kinder forschen, handeln und aus den Folgen Schlüsse ziehen, und unser Bewußtsein klärt sich. Das Kind hat seinen Knautschball zum drittenmal die Treppe hinuntergeworfen, zum drittenmal steht der Vater auf, holt den Ball und gibt ihn dem Kind zurück. Es soll ihn jetzt festhalten! Es wird ihn wieder hinunterwerfen, ihm unverwandt nachsehen und den Vater rufen. Der wird wieder aufstehen und ihn holen. Das Kind kann dem Vater und der Welt trauen!

Es ist ein Glück, dieses Buch gelesen zu haben, wenn einem Kinder anvertraut sind. Man hält es besser, neugieriger und geduldiger aus mit dem kühnen Wagemut und Wissensdurst, der Ausdauer und Hartnäckigkeit, der Eigenwilligkeit und Fremdheit, der Freude und dem Kummer, die Kinder mitbringen, wenn sie in unser Leben treten. Man wird sich selbst in den erzählten und den wirklichen Kindern wiederfinden und zugleich als Erwachsener so deutlich von ihnen unterscheiden, daß sie in ihrer Suche nach Orientierung Halt daran finden können. Unsere Kinder haben ja heute viel zuviele Kumpel und zuwenig Menschen um sich, die gerne und deutlich erwachsen sind.

Man wird vielleicht neben dem Buch selbst ein Journal anlegen mit Beobachtungen und Gedanken, die Holts Grundideen im eigenen Leben mit Kindern finden und entfalten. Mancher Fehler, mancher Quatsch, manche Frechheit wird sich dem von Holt geschulten liebevoll deutenden Blick dann als sinnvoll zeigen.

Ich erinnere mich, wie meine Tochter mich damals zu ärgern liebte, wenn sie in meinem linken Arm lag und ich ihr aus dem Bilderbuch vorlas. Ich verstand das so, wenn sie immer wieder ein Händchen auf den Text auf der linken Buchseite legte und mir erwartungsvoll auf den Mund blickte. Mir schien, sie brächte mich absichtlich in eine Zwickmühle – Lies weiter! Aber ich laß dich nicht lesen! – und wartete genüßlich auf meinen Ärger. Mit Holt habe ich geahnt, daß sie einen Zusammenhang erforschte, der auf die Spur der Buchstaben führt.

Sie hatte wohl bemerkt, daß ich nicht auf das Bild auf der rechten Buchseite schaute wie sie, wenn ich die Geschichte lautwerden ließ. Unsere Blicke kreuzten sich über dem Buch. Legte sie ihre Hand dorthin, wo ich hinsah, versiegte die Geschichte. Warum? Was bedeutete es, wenn ich dann sagte: So kann ich nicht vorlesen? Sie selbst konnte ihre Lieblingsbücher vorlesen, während sie auf die Bilder schaute. Bei mir gab es offenbar einen Zusammenhang zwischen den schwarzen Dingern links im Buch und der Geschichte, die aus meinem Mund quoll und das Bild erzählte. Was war da los? Wie hing das zusammen? Ich weiß nicht, wie und wann sie es herausgefunden hat – trotz meiner unangemessenen Ungeduld mit ihrem Händchen.

Holt hilft uns, Kinder in solchem Tun besser zu begreifen. Sein Buch zeigt Kinder in hellem Licht. Und doch sagt es uns zugleich: Wir dürfen nicht meinen, das eine, wirkliche Kind zu verstehen, weil wir manches über ganz andere Kinder oder Kinder im allgemeinen gelernt haben. Wir sollen bereit sein, uns mit dem Kind vor uns und den Kindern um uns immer wieder neu zu verständigen, ohne sie mit Ungeduld und überlegenem Wissen zu überfahren, und möglichst dann, wenn sie für uns bereit sind. Wir müssen es auch ertragen, daß sie uns oft rätselhaft bleiben. Sie treten uns gegenüber mit der ernsten Frage: Wer bist du Mutter? Wer bist du Vater?
Wer bist du, großer, erwachsener Mensch? Wir schulden ihnen den gleichen Ernst, die gleiche Neugier, den Verzicht auf schnelles Wissen und immer wieder die Frage: *Wer bist du, Kind?*

Ute Andresen, Juni 1997

Einleitung

*»Vermutlich lernen Kinder vor dem Schulantritt
am besten ...«*

Dieses Buch versucht, Kinder – in einigen Fällen Erwachsene – zu beschreiben, die ihren Verstand gut gebrauchen, die mutig und mit Erfolg lernen. Einige der erwähnten Kinder gehen zur Schule; die meisten sind noch nicht alt genug. Vermutlich lernen die Kinder in der Zeit vor dem Schulantritt am besten. Hierin stimmen viele Experten überein, so sehr ihre Meinungen über die Gründe auseinandergehen. Ich glaube und versuche zu zeigen, daß unser Verstand meistens dann am besten funktioniert, wenn wir ihn in einer bestimmten Weise gebrauchen, und daß kleine Kinder im allgemeinen besser lernen als Erwachsene – und besser als sie selbst lernen werden, wenn sie älter sind –, weil sie ihren Verstand auf diese Weise gebrauchen. Kurz gesagt, Kinder haben eine Lernmethode, die ihrer Verfassung entspricht und die sie auf eine natürliche und richtige Art anwenden, bis wir sie ihnen durch unsere Erziehung abgewöhnt haben.

Wir sagen gern, daß wir Kinder zur Schule schicken, damit man sie das Denken lehrt. Was wir nur allzuoft tun, ist etwas anderes. Wir lehren sie, mangelhaft zu denken und bringen sie dazu, eine wirksame und natürliche Denkweise aufzugeben zugunsten einer Methode, die sich nicht für sie eignet und die wir selbst nur selten anwenden.

Welche Folgen hat dies? Nur wenige Kinder werden in der Schule in der Weise erfolgreich lernen, die wir ihnen beizubringen versuchen. Die meisten werden niedergehalten, eingeschüchtert und entmutigt. Sie gebrauchen ihren Verstand nicht um zu lernen, sondern um den Dingen aus dem Wege zu gehen, die wir von ihnen verlangen, um sie zum Lernen zu bringen. Auf kurze Sicht gesehen erscheinen unsere Verfahren anwendbar. Sie machen es vielen Kindern möglich, die Schule zu durchlaufen, obwohl sie sehr wenig lernen. Aber auf die Dauer beschränken diese Verfahren das Denken, wenden sich gegen einen selbst und zerstören den Charakter. Kinder, die solche Verfahren anwenden, werden dadurch gehindert, sich über eine nur beschränkte Ausprägung ihrer Persönlichkeit hinaus zu entwickeln. Darin liegt das wirkliche Versagen in der Schule; nur wenige Kinder entgehen ihm. Wir können viel von diesem Versagen verhindern, wenn wir besser verstehen, auf welche Weise, unter welchen Bedingungen und aus welchen Antrieben Kinder am besten lernen. Voraussetzung dazu ist, daß wir fähig sind, die Schule in einen Ort zu verwandeln, wo sie ihre natürliche Denk- und Lernweise gebrauchen und verbessern können. Die Schule würde dann zu einem Ort, wo *alle* Kinder wachsen, nicht nur in der Körpergröße, nicht einmal nur im Wissen, sondern an Wißbegierde, Mut, Vertrauen, Unabhängigkeit, Findigkeit, Zuversicht, Geduld, Können und Verstehen. Wir werden viel Zeit brauchen, um herauszufinden, wie dies am besten geschehen soll. Vielleicht werden wir in fünfzig oder hundert Jahren entdecken, daß das, was heute unseren modernsten Vorstellungen von Erziehung, Schule, Lehren und Lernen entspricht, entweder der Sache völlig unangemessen oder ganz und gar irrig ist. Aber wir werden einen großen Schritt vorwärts tun, wenn wir durch unser besseres Verständnis der Kinder einige der Schäden beseitigen können, die wir heute verursachen.

Dieses Buch beschäftigt sich mehr damit, wirksames Lernen zu beschreiben, als es zu erklären oder eine Theorie darüber aufzustellen.

An vielen Orten sind Menschen geschäftig dabei, zu erforschen, was im Gehirn vorgeht, wenn wir denken und lernen, d. h. welche elektrischen, chemischen und anderen Prozesse sich dabei abspielen. Eine solche Forschung ist interessant und mag ihre Nützlichkeit vorweisen, aber sie hat nichts mit dem zu tun, was dieses Buch beabsichtigt. Wir brauchen nicht mehr über das Gehirn als Organ zu erfahren, als wir schon wissen, um unsre Erziehungspraktiken zu verbessern. Wir könnten sie ein gut Teil besser machen, ohne über das Gehirn mehr zu wissen, als der durchschnittlich Gebildete heute weiß. Es ist zwar interessant zu hören, daß Erfahrungen im Gehirn in Form komplizierter Moleküle gespeichert werden, wie man Karteikarten in einem Karteikasten aufhebt. Was Lehrende (Eltern und Lehrer) und Lernende wissen müssen, ist etwas, was wir schon längere Zeit wissen: erstens, daß man sich lebhafter und angenehmer Erfahrungen am leichtesten erinnert, und zweitens, daß das Gedächtnis am besten funktioniert, wenn man es nicht zwingt, denn es ist kein Maulesel, der mit Schlägen angetrieben werden muß. Es ist interessant, Wolfgang Köhlers Theorie zu lesen, die inzwischen von vielen Wissenschaftlern akzeptiert worden ist und die besagt, daß im Gehirn elektrische Felder entstehen, wenn wir etwas wahrnehmen, denken oder fühlen. Sie würde sicher der Tatsache Rechnung tragen, daß wir nur unzureichend oder überhaupt nicht denken und fühlen, wenn wir Angst haben und uns fürchten. Aber wir brauchen keine Erklärung, um zu wissen, daß sich dieser Tatbestand immer wieder bestätigt, auch nicht, um daraus zu lernen, daß wir das Denken der Kinder brachliegen lassen, wenn wir sie verängstigen. Dieses Buch beschreibt eher, wie sich Kinder verhalten, als daß es sich mit ihrer Psychologie befaßt. Ich hoffe, daß diejenigen, die es lesen, spüren werden oder zu spüren beginnen, daß Kinder unsere Aufmerksamkeit verdienen.

> *Ich hoffe, daß unsere Kinder, wenn sie ihre Augen öffnen, vieles sehen werden, was ihnen vorher nie auffiel und was ihnen viel Stoff zum Nachdenken gibt. Ich möchte ihre Neugier erregen und ihre Einbildungskraft steigern, was mir noch wichtiger erscheint, als etwas zu ihrem Verständnis hinzuzufügen; die Kinder eher skeptisch gegenüber alten Dogmen zu machen als ihnen neue anzubieten.*

Wie unser Bewußtsein arbeitet, ist uns immer noch ein Rätsel und wird es vermutlich größtenteils bleiben. Auch wer sich noch so vorurteilsfrei und nachdenklich selbst beobachtet, braucht viele Jahre, um nur einen kleinen Teil dessen zu erfahren, was in seinem Bewußtsein vor sich geht. Wie können wir dann mit Sicherheit etwas darüber aussagen, was sich im Bewußtsein anderer abspielt? Und doch tun viele so, als könnten sie den Inhalt des Bewußtseins einer anderen Person genauso leicht, präzise und vollständig ausmessen wie den Inhalt eines Koffers. Damit will ich nicht sagen, daß wir nicht versuchen sollten, das Empfinden und Denken anderer zu verstehen, nur sollten wir mit dem, was wir glauben gefunden zu haben, mit großer Umsicht und Zurückhaltung umgehen.

Es gibt eine alte Geschichte von zwei Männern, die in einem Zug fuhren. Einer von ihnen sah einige kahl aussehende Schafe auf der Weide und sagte: »Diese Schafe wurden gerade geschoren.« Der andere schaute einen Augenblick länger hinaus und sagte dann: »So erscheint es tatsächlich – von dieser Seite aus.« Mit solchem Vorbedacht sollten wir sagen, was wir über die Tätigkeit des Bewußtseins mitteilen wollen. Und in diesem Geist habe ich versucht zu schreiben und werden andere, so hoffe ich, dieses Buch lesen.

Spiele und Experimente

*»Gute Spiele kann man nicht im voraus planen,
sie entstehen nur, wenn wir ohne Absicht und zum
Spaß mit den Kindern spielen.«*

Ich sitze auf der Terrasse eines Bekannten. Neben mir Lisa, **16 Monate alt**, ein aufgewecktes und unternehmungslustiges Kind. Sie erfand eine sehr abwechslungsreiche Pseudosprache, die sie die ganze Zeit über gebraucht. Einige Laute sagt sie immer wieder so, als ob sie mit ihnen etwas meinte. Sie hat es gerne, Gegenstände zu berühren und mit ihnen herumzuhantieren, und sie ist erstaunlich geschickt darin; sie kann Schrauben und ähnliche kleine Objekte in die dafür bestimmten Löcher einfügen.

> *Ist es möglich, daß kleine Kinder nicht ganz so
> ungeschickt sind, wie wir immer glaubten?*

Eines von Lisas Lieblingsspielen ist es, meinen Kugelschreiber aus meiner Tasche zu nehmen, die Kappe abzunehmen und sie wieder aufzusetzen. Dies erfordert einige Geschicklichkeit. Sie wird des Spiels nie müde; wenn sie mich mit dem Schreiber in der Tasche sieht, gibt sie mir sogleich zu verstehen, daß sie ihn haben möchte. Da gibt es kein Hinausschieben. Sie ist hartnäckig, und wenn ich so tue, als wüßte ich nicht, was sie will, macht sie mir eine Szene. Wenn ich weiß, daß ich

15

meinen Kugelschreiber brauchen werde, halte ich als Trick in meiner Tasche einen zweiten verborgen.

Eines Tages spielte sie auf dem Klavier, wobei sie mehr oder weniger willkürlich mit beiden Händen dreinschlug, erfreut, die »Maschine« zu bedienen und ein solch interessantes Geräusch zu machen. Aus Neugier, ob sie mich nachahmen würde, ließ ich meinen Zeigefinger auf der Tastatur auf und ab laufen. Sie beobachtete mich und tat es mir nach.

Gestern hatte ich meine alte elektrische Reiseschreibmaschine auf der Terrasse. Die älteren Kinder schauten sie an und machten sich an ihr zu schaffen. Lisa war gerade dabei, ein Eis zu essen und war daher eine Zeitlang uninteressiert. Als das Eis jedoch alle war, kam sie, um zu sehen, was die anderen taten und bat mit Lauten und Zeichen, aufgehoben zu werden, um auch zu probieren. So setzte ich sie auf meinen Schoß, der Maschine gegenüber. Da sie mich die Tasten immer mit einem Finger antippen sah, tat sie das gleiche und schien von dem, was passierte, angenehm überrascht. – Etwas flog durch die Luft, machte einen scharfen Klick, und überhaupt hinterließ das Ganze einen Eindruck von Aktivität und Bewegung. Geheimnisvolle Dinge gingen innerhalb der Maschine vor sich, Dinge, die sie, Lisa, verursacht hatte.

Hin und wieder traf sie mehr als eine Taste gleichzeitig, und die Tasten verklemmten sich. Dann schaltete ich die Maschine aus und brachte die Sache wieder in Ordnung. Nachdem sie mich einige Male am Schalter drehen sah, versuchte sie selbst, daran zu drehen.

Aber ihre Finger waren nicht kräftig genug. Als sie dies bemerkte, ergriff sie meine rechte Hand, führte sie zum Schalter und verlangte, daß ich ihn bediente. Bald war ein regelrechtes Spiel im Gange. Ich schaltete die Schreibmaschine aus; sie versuchte, sie wieder einzuschalten, was ihr nicht gelang, und am Ende mußte ich es an ihrer Stelle tun.

Der Zeilenschalthebel hatte es ihr ebenfalls angetan. Sobald ich die Walze weitergeschaltet hatte, faßte sie regelmäßig nach dem Hebel, um ihn ihrerseits zu betätigen. Dabei blieb sie ganz ruhig, und es geschah nur selten, daß sie aufgeregt wurde und wild auf den Tasten herumschlug. Einmal gab sie mir zu verstehen, daß ich die Maschine auf den Boden stellen sollte. Als ich es tat, bemerkte ich jedoch bald, daß ich einen Fehler begangen hatte; sie wollte auf die Maschine und sogar in sie hineinklettern, um nachzusehen, was wirklich in ihr vorging. Nach einem kurzen Protest und einer kleinen Balgerei gelang es mir, die Maschine wieder auf den Tisch zu heben. Während sich all diese Dinge ereigneten, vergingen etwa 40 Minuten.

Vielleicht sind kleine Kinder doch imstande, ihre Aufmerksamkeit länger auf einen Gegenstand zu richten, als wir gemeinhin annehmen.

Heute wurde Lisa von ihrem älteren Bruder beaufsichtigt und war eher dazu aufgelegt, mit den Händen in die Tasten zu hauen. Jedes Mal, wenn dies vorkam, schalteten wir die Schreibmaschine ab und entwirrten sorgfältig die verklemmten Tasten. Da diese Prozedur dem freien Lauf ihrer Beschäftigung immer wieder Einhalt gebot, dachte ich, sie würde nach einiger Zeit einsehen, daß es nicht gut sei, auf die Tasten einzudreschen. Für sie war es jedoch eine interessante Sache, uns beim Entwirren der Tasten zu beobachten. Nachdem sich dies mehrere Male wiederholt hatte, schlug ich ihrem Bruder vor, beim nächsten Mal die Maschine einfach auszuschalten und abzuwarten, wie sie darauf reagieren würde. Als Lisa wieder die Tasten aufeinandertürmte, verhielten wir uns wie verabredet. Sie drückte eine oder zwei Tasten, ohne daß sich irgend etwas ereignete. Anscheinend wurde sie dann der Tatsache gewahr, daß die Maschine nicht mehr so summte, wie sie es während des Betriebs gewohnt war. Denn plötzlich richtete sie sich auf und zog die verklemmten Tasten zurück.

Heute morgen versuchte Lisa, die jetzt **27 Monate** alt ist, einen Luftballon vom Boden aufzuheben, doch im selben Augenblick kam ein Windstoß von der Türe und blies den Luftballon quer durchs ganze Zimmer. Sie schaute ihm nach, während er sich entfernte. Als er zur Ruhe gekommen war, kroch sie zu ihm hin und blies ihn an, als ob sie ihn weitertreiben wollte. Ich war verblüfft. Sollten so kleine Kinder den Zusammenhang zwischen der Fähigkeit des Windes, Gegenstände zu bewegen, und der eigenen Fähigkeit, sie durch Anblasen zu bewegen, erkennen können? Offensichtlich ja.

Es gibt ein Spiel, das fast allen Babys Spaß macht. Man blase auf ihre Hände oder Finger und bewege dabei den Kopf hin und her.

Sie lächeln; dann, nach einer Weile, beginnen sie zu untersuchen, wo das komische Zeug herkommt und probieren, ob sie den Finger in den Mund des Bläsers stecken können. Es interessiert sie auch, daß es einen ähnlichen Effekt gibt, wenn man ihnen mit einem Fächer oder Karton Luft zufächelt.

Später. Lisa marschiert im Kreis um den Luftballon herum und singt dabei ein Lied, das wie ein selbsterfundenes »Ringel-ringel-Reihen« klingt. Das Lied bleibt sich aber nicht gleich, sondern verändert sich allmählich, bis sich nach kurzer Zeit ein völlig neues Lied daraus entwickelt hat. So geht es mit vielen ihrer Tätigkeiten; sie beginnt eine gewisse Sache, verändert sie allmählich, bis zum Schluß etwas ganz anderes daraus geworden ist. Ein Musiker würde dies »Variationen über ein Thema« nennen.

Ich weiß von vielen anderen kleinen Kindern, die gern endlose Geschichten erzählten oder Lieder sangen, die nie zu Ende gingen. Manchmal erzählen sie in dem Lied von ihren Taten oder doch von dem, was sie zu tun wünschten. Eine Mutter berichtete mir von ihrem vierjährigen Jungen, der in Form eines Liedes von seiner Schwester, die in der Schule war, wünschte: »Ich möchte eine Schwester haben, die nicht zur Schule muß, und alles tut was ich ihr sage.«

Oft hat der Sing-Sang auch keinen erkennbaren Sinn und besteht nur aus zusammenhanglosen Silben und Worten; manchmal sind Sinn und Unsinn miteinander vermischt.

In einem anderen Singspiel, das Kinder gern mit Erwachsenen spielen, muß jeder – abwechselnd – etwas zu einem Lied hinzufügen. Es ist nicht so einfach, wie es klingt, denn Worte und Melodie eines Liedes gleichzeitig zu erfinden verlangt viel Phantasie, und was gewöhnlich dabei herauskommt, ist auch nicht besser, als was das Kind selbst hervorbringt, und ist dem in der Regel sehr ähnlich.

Alle diese Spiele sind nützlich, und wir tun gut daran, sie zu fördern, ihnen unsere Aufmerksamkeit zu schenken und an ihnen teilzunehmen, zu Hause wie in der Schule.

Gewiß singen Kinder im ersten Schuljahr eine Menge Lieder, aber sie alle singen die gleichen. Der Lehrer leitet die Kinder an, und seine einzige Sorge ist es, daß sie alle »richtig«, d. h. nach den Noten singen und nicht, daß sie etwas Neues erfinden. Manchen Kindern gefällt es, so wie es ist, und sie erreichen dabei etwas; für andere wird Singen dann nur zu einer Pflicht mehr, die ihnen die Schule auferlegt – eine erzwungene Freude, erzwungen, wie so viele Dinge bei Schulanfang. Aus vielen Kindern werden Menschen, die nie mehr singen – was geht hier unnötigerweise alles verloren! Die Werke Carl Orffs und anderer Komponisten, die seine Unterrichtsmethode anwandten, beweisen, daß sich die musikalischen und verbalen Fähigkeiten sehr schnell entwickeln können, wenn man Kindern viele Gelegenheiten bietet, selbst Lieder, Melodien und Rhythmen zu erfinden.

Schreie aus dem Wohnzimmer kündigen mir an, daß Lisa wieder einmal mit der Institution des Privateigentums in Konflikt geraten ist. Sie interessiert sich für alles, was sie sieht; sie will es untersuchen und testen, mit ihm herumhantieren und, wenn möglich, es auseinandernehmen. Natürlich kann sie nicht wissen, welche Dinge wertvoll oder zerbrechlich oder für sie gefährlich sind. Als sie mich den Stecker für die elektrische Schreibmaschine an die Steckdose anschließen sah, wollte sie es sofort auch tun und verübelte es mir heftig, daß ich ihr zu verstehen gab, elektrische Stecker seien nicht zum Herumfummeln da. Am nächsten Tag brachte sie das Kunststück fertig, sämtliche Brenner des Gasherdes anzudrehen. Meine Ermahnung, den Herd in Ruhe zu lassen, gefiel ihr gar nicht. Sie kann nicht einsehen, warum es ihr nicht erlaubt sein sollte, Dinge anzufassen, die doch alle anderen anfassen. Wenn sie etwas wegnimmt, denkt sie nie daran, es wieder an seinen Ort zurückzubringen – selbst wenn sie noch weiß, woher das Ding kam.

Es gibt keine sehr befriedigende oder sehr einfache Lösung dieses Problems. Wir ertappen uns jeden Tag von neuem dabei, wie wir mit mahnender Stimme sagen: »Nein, nein, laß das; es ist zu heiß, zu scharf; es könnte dir weh tun; zerbrich das nicht; das gehört mir, ich brauche das noch.« Jedes Mal empfindet Lisa natürlich, daß wir ihr Recht beschneiden, ihre Umwelt zu erforschen und zu verstehen, was ihr auch ein Bedürfnis ist. Sie denkt sich wohl, daß jeder dieses Ding anfaßt; warum sollte sie es nicht tun?

Man sieht leicht ein, daß zuviel Einschränkungen die Neugier eines Kindes dämpfen und abtöten können. Außerdem wird es dann das Gefühl bekommen, die Welt sei nicht voll interessanter Dinge, die es zu entdecken gelte und über die nachzudenken sich lohne, sondern sie sei voll verborgener Gefahren und Fallen, die einen in unvermutete Schwierigkeiten bringen.

Wir versuchen das Problem so zu lösen, daß wir Lisa Spielzeuge schenken und sie dazu anhalten, andere Dinge in Ruhe zu lassen. Das funktioniert aber schlecht. Einmal sind die Spielzeuge ihr nicht interessant genug. Und dann kann sie sich auch mit dem besten Willen nicht merken, welche Dinge sie anfassen darf und welche nicht. Die auffälligste Tatsache für sie ist die, daß ältere und größere Leute mit allen möglichen Gegenständen im Hause hantieren, und erst das macht diese Objekte so begehrenswert. Wie alle kleinen Kinder möchte Lisa es den großen Leuten nachtun. Wenn Geschirr gewaschen wird, verlangt sie, mithelfen zu dürfen. Wenn man kocht, will sie auch kochen; macht man Limonade, so muß sie mithelfen. Der Ersatz, den wir ihr für diese Tätigkeiten anbieten, befriedigt sie nicht.

Vieles von dem, was wir in der Schule tun, muß falsch sein, wenn wir uns so sehr um das kümmern müssen, was man »Motivation« nennt. Ein Kind hat kein größeres Verlangen, als die Welt zu verstehen, sich frei in ihr zu bewegen und diejenigen Dinge zu tun, die es größere Leute tun sieht.

Warum sollten wir von diesem großen Verlangen nach Verständnis und Gewandtheit in allen praktischen Dingen nicht einen besseren Gebrauch machen können? Man kann sicher mehr Möglichkeiten ausfindig machen, um Kinder uns bei solchen Arbeiten zuschauen zu lassen, die Kenntnisse erfordern, die sie ohnehin erwerben sollen. Wenig sinnvoll wäre dies allerdings, wenn sie die erlernten Kenntnisse zu nichts *gebrauchen* können, wie dies bei vielen der sogenannten wesentlichen Kenntnisse im Rechnen der Fall ist. Wann kommt es im täglichen Leben schon vor, daß wir zwei Brüche durch einander teilen müssen?

Zu Hause sollten wir versuchen, diejenigen gefährlichen oder wertvollen Gegenstände, die wir von Kindern nicht angefaßt sehen wollen, ganz aus ihrer Reich- und Sichtweite herauszuhalten. Gleichzeitig sollten wir immer eine Anzahl so stabiler oder billiger Gegenstände zur Hand haben, daß ein Kind ohne Risiko mit ihnen spielen und hantieren kann. Vielleicht wären manche Haushaltsgeräte gute Geschenke für kleine Kinder; ich denke z. B. an Schneebesen, Kochtöpfe und Taschenlampen. Schließlich hat es wenig Sinn, nicht nur sich, sondern auch das Kind aufzuregen, weil etwas, das fünfzig Pfennig wert ist, beschädigt werden könnte, wenn man später Tausende von Mark für seine Ausbildung ausgibt. In Warenhäusern und Supermärkten gibt es wenig, was ein Kind beschädigen oder zerbrechen könnte, so daß ein großer Schaden entstünde. Und doch sah ich so oft, daß sich dort Leute furchtbar aufregten, weil ein Kind alle Dinge, die ihm in den Blick kamen, anfaßte und in die Hand nahm. Warum nicht? So lernt es sie kennen. Wenn es etwas von seinem Platz wegnimmt, bereitet es keine große Mühe, es wieder zurückzulegen.

Es ist wahrscheinlich sowieso ein Fehler anzunehmen, daß kleine Kinder alles zerbrechen werden, was ihnen in die Hand kommt, und daß wir ihnen schon deswegen verbieten müssen, Dinge zu berühren, die ihnen nicht gehören. Nicht nur dämpft dies ihre Neugier und mindert ihr Vertrauen in die Welt, sondern es macht sie wahrscheinlich nur überaus besitzgierig. Ich glaube daher, wir sollten statt dessen unsere Kinder lehren, daß fremdes Eigentum respektieren nicht heißt, daß sie es nicht anfassen dürfen, sondern daß sie sorgfältig mit ihm umgehen müssen, es dafür gebrauchen, wofür es bestimmt ist und daß sie es schließlich dorthin zurücklegen, wo sie es weggenommen haben. Kinder sind ohne weiteres dazu imstande, und sie sind nicht so ungeschickt und zerstörerisch, wie wir meinen. Außerdem können sie nur durch den Gebrauch eines Gegenstandes lernen, wie man richtig mit ihm umgeht. Einer der vielen wertvollen Beiträge Maria Montessoris zur Pädagogik war der Nachweis, daß sehr kleine Kinder sich nicht immer ungehemmt und ungeschickt bewegen müssen, sondern daß sie lernen können, genau kontrollierte und verhaltene Bewegungen auszuführen.

Kleine Kinder lieben nicht nur Spiele, sie können auch alles in ein Spiel verwandeln.

Heute morgen lag Lisa bei ihrer älteren Schwester Nell im Bett. Nell knipste das Licht über dem Bett aus; Lisa knipste es wieder an und sagte: »Mach es nicht aus!« Das ältere Mädchen bewegte seine Hand ganz langsam auf den Schalter zu. Jedes Mal, wenn sie sah, wie die Hand sich bewegte, sagte Lisa: »Mach es nicht aus!« So ging es eine lange Zeit. Schließlich ging das Licht aus. Lisa machte es wieder an, und das Spiel ging von neuem los.

Viele Spiele kleiner Kinder fangen wie zufällig an. Eines Tages trug ich eine Zeitschrift durchs Zimmer, legte sie auf einen Tisch und wollte wieder weggehen, um etwas zu erledigen. Lisa ging zum Tisch, nahm die Zeitschrift herunter, legte sie auf den Fußboden und sah mich dabei an, als ob sie mir etwas mitzuteilen hätte. Ich nahm die Zeitschrift an mich und legte sie auf den Tisch zurück. Sie zog sie wieder herunter, und bald hatte sich daraus ein neckisches Spiel entwickelt, bei dem wir eine Zeitlang verweilten. Es ist gut, wenn man bei solchen Spielen in froher, verrückter und etwas übermütiger Stimmung ist, und so sollte es bei allen guten Spielen sein. Dies gilt auch für jenen Prozeß des spielerischen Verste½henlernens der Welt, den wir gewöhnlich den Bildungsprozeß nennen. Aber auch in einem engeren Sinne wirken Spiele wie die genannten bildend. Sie geben dem Kind einen Einblick in den Zusammenhang zwischen Ursache und Wirkung; es lernt zu sehen, wie eine Sache zu einer anderen führt. Außerdem tragen sie dazu bei, dem Kind ein Gefühl des eigenen Daseins zu geben und es fühlen zu lassen, daß es auf seine Umgebung einwirken und sie verändern kann. Wie aufregend muß es für ein Kind sein, mit einem Erwachsenen zu spielen und dabei zu sehen, daß es durch seine Aktionen den allmächtigen Riesen etwas tun lassen kann und daß es dieses Spiel beliebig lange treiben kann.

Einmal, als ich einige Bekannte in Chicago besuchte, wurde mir die Aufsicht über die Kinder – Alice (3½) und Patrick (2) – für eine Zeitlang übertragen. Sie pflegten auf dem Bürgersteig einer ziemlich ruhigen Straße, an der sie wohnten, zu spielen. Ich sagte ihnen, sie könnten hier wie gewöhnlich spielen, solange sie in Sichtweite blieben. Aber bald liefen sie weiter weg, und ich mußte sie unter Protesten zurückschaffen. Sie waren wütend und sagten, ich sei böse und sie würden es ihrer Mama erzählen. Ich gab zurück, mir würde das nichts ausmachen. Darauf erwiderte Patrick, daß mich seine Mama verhauen würde. »So!« Ich tat so, als ob ich weinte. (Das ist ein absolut unfehlbares Spiel mit kleinen Kindern, auf

das sie alle gern eingehen.) Bald kam ein richtiges Spiel in
Gang. Die Kleinen verklopften mich mit Schlägen auf
den Rücken, und ich stellte mich weinend. Sobald ich
darin innehielt, sagte Patrick: »Ich habe noch nicht aufgehört, dich zu schlagen!« Ich mußte wieder von vorn
anfangen. Von Zeit zu Zeit sagte ich: »Ich bin ein guter
Junge.« Darauf Patrick: »Du böser Junge!« Und so ging
es eine Weile fort, bis sie eine andere Beschäftigung fanden. Später führten wir das Spiel ihren Eltern vor.

Lisa stellt sich seit kurzem manchmal so an, als sei sie
wild geworden. Sie bleckt die Zähne, knurrt, brüllt und
springt auf mich zu. Ich tue so, als hätte ich Angst und
verberge mich hinter einem Stuhl. So geht es mehrere
Male. Bei diesem Spiel und bei einigen anderen Dingen,
die sie tut, scheint sie in sich zu spüren, wie ihr »Ich«
wächst, wie es Taten vollbringt und Forderungen stellt.
Jedes Spiel, das dieses Ich mächtiger erscheinen läßt,
muß ein gutes Spiel sein. Meistens weiß sie nur zu gut,
wie ohnmächtig ihr Ich ist.
  Manchmal nimmt sie einen Stock und schlägt damit
auf einen Stuhl, wobei sie mit dem Mund ein explosions-
artiges Geräusch macht. Während sie auf den Stuhl ein-
schlägt, blinzelt sie so, als ob sie vor der Wucht ihres
Schlages selbst ein wenig erschrocken sei. Das erinnert
mich an einen neunjährigen Jungen, der beim Fußball-
spiel jedesmal ein Geräusch mit dem Mund machte,
wenn er den Ball trat. Vielleicht spielte dabei die Tatsache eine Rolle, daß er nicht sehr groß oder athletisch gebaut war und daher den Ball nicht sehr stark treten

konnte; wäre er dazu fähig gewesen, hätte er das Explosionsgeräusch nicht gebraucht.

Bei all ihrem Ungestüm, ihrem Stolz und ihrer Unabhängigkeit ist Lisa doch gutmütig und verbindlich. Ein Spiel, das sie liebt, ist das »Du-kannst-nicht!«-Spiel. Manchmal beginnt sie es, wenn ich gerade außerhalb der Glastüre bin und sie sich im Zimmer befindet. Sie sagt: »Kannst nicht reinkommen.« Ich beginne, sachte die Tür zu öffnen. Sie stemmt sich mit aller Kraft von der anderen Seite dagegen. Nach einer Weile lasse ich los, als sei ich erschöpft, und die Tür schlägt mit einem kleinen Knall zu. Sie wirft mir einen triumphierenden Blick zu und wiederholt: »Du kannst nicht reinkommen« Ich versuche wieder, die Tür zu öffnen, und wieder stemmt sie sich dagegen, bis ich sie zuschnappen lasse. So geht es fünf- oder sechsmal. Aber immer läßt sie mich am Ende herein, wobei sie mich mit süßer Stimme auffordert: »Komm herein, John!«

Am nächsten Morgen hörte ich ihre Stimme in ihrem Zimmer und trat ein. Sie warf mir einen flirtenden Blick zu und sagte: »Geh fort!« »Warum«, fragte ich. Sie sagte: »Deswegen.« »Weswegen?« Sie: »Weil du mußt.« Ich: »Aber ich will nicht.« Sie: »Du kannst gar nicht hier bleiben«, was ihrem Befehl noch mehr Nachdruck verleihen sollte. Ich sagte wieder, daß ich nicht wollte. Dann geschah etwas anderes. Sie sagte: »Du kannst nicht gehen.« So glitt sie unbewußt in ein Antwortschema, das sie sonst in anderen Situationen gebrauchte. Währenddessen hatte ich den Raum verlassen. Als ich einen Augenblick später zurückkam, ging das Spiel von neuem los. Dieses Mal sagte sie, nachdem wir es ein Stück weit wie vorher wiederholt hatten, »Geh nicht fort.« Kinder haben nichts dagegen, uns Erwachsene ein Spiel gewinnen zu lassen, wenn wir ihnen auch ein paar Punkte gönnen. Aber viele von uns verhalten sich wie Fußballtrainer; das bloße Gewinnen genügt ihnen nicht, sie müssen den ersten Preis bekommen.

An diesem Tag fuhren wir nach Carlsbad Caverns – ein seltsam schöner Ort. Die Fahrt im Wagen dauerte viele Stunden. Unterwegs spielten wir wieder miteinander. Das Radio war an, und ich begann im Takt der Musik in die Hände zu klatschen. Lisa schaute zu. Dann ahmte sie mich nach. Als nächstes begann ich, mit der Faust in meine geöffnete andere Hand zu klatschen. Sie beobachtete mich eine Zeitlang, ballte dann beide Hände zu Fäusten, klatschte ein wenig, schaute noch einmal, sah, daß es nicht richtig war und verbesserte sich in kurzer Zeit. Daraus entwickelte sich eine ganze Reihe von Spielen. Ich klatschte mit der Hand gegen den Kopf – sie tat es auch. Ich klopfte mir auf den Bauch – sie imitierte mich wieder. Dann machte ich die Spiele komplizierter. Ich schlug mir mit der einen Hand gegen den Kopf und mit der anderen gegen den Bauch; oder klatschte mit der einen Hand gegen den Kopf, während ich mit der anderen Hand den Ellbogen festhielt und so fort. Es war interessant zu sehen, wie sie mir alles nachmachte. Sie begann jedesmal ziemlich rasch mit irgendeiner Bewegung. Dabei verglich sie ihre Bewegung mit der meinen. Dann korrigierte sie sich, prüfte wieder und so weiter, bis der Vergleich sie zufriedenstellte. Zwei Dinge verblüfften mich an ihrem Tun. Erstens, daß sie nicht meinte, sie müßte alles von Anfang an richtig tun. Sie war willig oder besser, begierig, mit *irgend etwas* anzufangen, um dann darüber nachzudenken, wie es zu verbessern sei. Die zweite Sache, die mich erstaunte, war, daß sie sich nicht mit fehlerhaften Nachahmungen zufriedengab, sondern daß sie solange vergleichend hin und her schaute, bis sie völlig überzeugt war, daß sie es richtig machte – was fast immer der Fall war.

Es gibt viele Unterschiede zwischen Lisa und jenen Zehnjährigen, denen alles mißlingt und die ich von der Schule her kenne. Ein Unterschied ist jedoch am auffallendsten. Was sie tut, will sie richtig tun, und sie läßt sich durch nichts beirren, bis ihr dies tatsächlich gelingt, während jene älteren Kinder nur versuchten, den Schwierigkeiten auszuweichen. Sehr kleine Kinder scheinen intuitiv zu kunstgerechter handwerklicher Arbeit zu neigen. Wir übersehen dies leicht, weil ihre Spielsachen verhältnismäßig grob und sie selbst noch unerfahren sind. Man beachte aber einmal, mit welch liebender Sorgfalt ein kleines Kind einen Sandkuchen formt, tätschelt und glattstreicht.

> *Sie versuchen, es so gut zu machen, wie es in ihren Kräften steht – nicht um irgend jemandem zu gefallen, sondern weil sie es sich als Aufgabe gestellt haben.*

Während ich Lisa beim Spielen zuschaue, fällt mir eine Geschichte meines Kollegen Bill Hull ein. Ein Erstklässler brach einmal in Tränen aus, als man ihm sagte, daß das Wort »eins« wie »e-i-n-s« buchstabiert wird. Was mich wundert, ist, daß sich Sechsjährige von solchen ihnen ungereimt erscheinenden Dingen mehr beunruhigen lassen sollten, als dieses kleine Kind hier. Sie hört den ganzen Tag über Dinge, die ihr unsinnig erscheinen müssen und macht sich doch nichts draus. Sie lebt und bewegt sich im Ungewissen so leicht und natürlich wie ein Fisch im Wasser.

Wann und warum fangen Kinder an, nach
Gewißheit zu suchen?

Kinder sind, so scheint es, nicht von Geburt aus ängstlich. Natürlich gibt es einige wenige Dinge, die sie instinktiv fürchten – laute Geräusche zum Beispiel oder Mangel an festem Halt –, obwohl es andererseits viele Babys gibt, denen es Spaß macht, in die Höhe geworfen und wieder aufgefangen zu werden oder sonstwie herumzupurzeln. Es deutet alles darauf hin, daß Kinder die meisten Ängste von ihren Eltern abbekommen haben.

Lisa zum Beispiel hatte nie vor Käfern Angst. Wenn sie etwas fliegen oder krabbeln sah, wollte sie es immer aufheben und betrachten. Eines Tages kam ein zwölfjähriges Mädchen zu Besuch. Lisa war gerade im Zimmer mit ihren beiden älteren Schwestern, als das Mädchen in einer Ecke eine Spinne entdeckte. Sie begann sogleich hysterisch zu schreien, bis man sie aus dem Zimmer gebracht und die Spinne getötet hatte. Seither hat Lisa Angst vor allen Käfern, Fliegen, Motten und Würmern. Sie hat ihre Lektion gelernt. Sie schreit nicht und wird nicht wild, sondern zieht sich nur zurück und will nichts mehr von Insekten wissen.

An einer Stelle wurde ihre Neugierde und ihr
Weltvertrauen verriegelt. Wer weiß, wann sie
sich wieder öffnen wird?

Meistens sind die Ängste, die Kinder befallen, von sub-
tilerer Art. Sie nehmen sie sozusagen in kleinen Portio-
nen auf. Gestern spielte Lisa wieder mit der alten elektrischen Schreibmaschine. Sie kann sie nun ein- und
ausschalten. Während sie spielerisch auf den Tasten her-
umtippte, kam ihr plötzlich die Idee, beide Hände auf
die Tasten zu legen. Ein ganzes Bündel von Tasthebeln
flog auf und blieb stecken. Sie beugte sich über die Tasten, um sie auseinanderzuziehen. Ich befürchtete, sie
könnte dabei eine andere Taste auslösen, deren Hebel ihren Fingern einen scharfen Schlag versetzen würde. Außerdem wäre es denkbar gewesen, daß sie beim Zurück-
zerren der Tasthebel einige von ihnen verbog. Ich zeigte
ihr daher noch einmal, wie man die Maschine ausschaltet
und entwirrte selbst die einzelnen Hebel.

Darauf gab sie einen interessanten Beweis ihres For-
scherdranges. Auf jeder Seite der Tastatur befindet sich
eine Umschalttaste für die großen Buchstaben und auf
der linken Seite zusätzlich eine Arretiertaste. Sie beobachtete nun, daß die Umschalttaste wieder zurück-
schnellt, wenn man sie losläßt, daß aber beide Tasten unten bleiben, wenn man die Arretiertaste drückt. Das
Problem, das dann entsteht, ist, wie man sie wieder her-
aufbekommt. Heraufzerren geht nicht. Nach einer Weile
fand sie heraus, daß man die Umschalttaste durch Drük-
ken lösen kann und daß dabei beide Tasten zurückkom-
men. Dann suchte sie auf der rechten Seite nach einer
Taste, die ebenfalls die Festsetzung bewirkte. Drücken
der Auslösetaste verursachte keinen erkennbaren Effekt,

und der Tabulator ließ nur den Wagen abfahren und die Klingel ertönen. Nach einigem weiteren Herumprobieren hatte sie das ganze Umschalt- und Arretiersystem ausgeklügelt.

Während dieser Zeit stand ich etwa drei Meter weiter rechts von ihr. Ich wollte sehen, was sie tat, notfalls auch in der Lage sein, die Maschine auszuschalten, wenn sie wieder auf alle Tasten hauen oder sich oder der Maschine Schaden zufügen sollte. Ich meinte eher wachsam als ängstlich zu sein, aber sie mußte den letzten Rest an Besorgnis in meiner Haltung herausgespürt haben, denn während sie an der Maschine herumhantierte, tat sie etwas, was sie nie zuvor getan hatte: Sie schaute zu mir mit einem fragenden Gesichtsausdruck auf, so als ob sie sagen wollte »Ist es recht so?«.

Kinder und besonders kleine Kinder reagieren sehr empfindlich auf Gefühlsstimmungen. Nicht nur teilt sich ihnen alles mit, was wir fühlen, sondern sie empfinden es auch übertrieben schwer. Lisa beginnt zu weinen, sobald es den Anschein hat, als ob ihre älteren Brüder oder Schwestern eine ernsthafte Auseinandersetzung miteinander haben. Selbst wenn sie sich nur zum Spaß herumbalgen, versucht Lisa, sie mit lautem »Halt! Halt!« auseinanderzuziehen. Oft sah ich in anderen Familien, wie Kinder wegen einer Auseinandersetzung zwischen ihren Eltern lange Zeit unglücklich waren, obwohl die Eltern ihren Streit so gut wie möglich vor den Kindern verborgen hatten. Einmal besuchte ich Freunde, deren Kinder ich sehr gut kannte und mochte. Die Mutter und ich gerieten in einen Wortwechsel über ein politisches Thema. Obwohl die Auseinandersetzung erregt verlief, fiel kein unfreundliches Wort; wir vertraten im allgemeinen die gleichen

Anschauungen. Aber schon dieses Maß an Erregung war den Kindern zuviel. Sie begannen, um uns herumzuwandern und sich mit versöhnlichen Gesten zwischen uns zu drängen, so, als ob sie uns vom Streit abbringen könnten, indem sie unsere Aufmerksamkeit auf etwas anderes lenkten, was uns alle wieder froh und glücklich machen würde.

Es ist einfach nicht wahr oder wenigstens nicht immer wahr, daß kleine Kinder keine Einfühlungsgabe besitzen. Zweifellos sind sie oft grausam zueinander, aber wenn sie mit einem anderen Kind zusammen sind, das sehr verletzt oder sehr unglücklich ist, bedrückt sie dieser Zustand sehr bald.

> *Es kommt sehr selten vor, daß ein Kind so anhaltend und absichtlich grausam ist, wie wir es oft bei Erwachsenen sehen.*

Oft sind Kinder grausam, weil sie die Reaktion des anderen auf ihre Handlung kennenlernen wollen. Einmal sah ich zwei zweijährige Jungen nebeneinander auf dem Boden spielen. Sie schoben Autos und Lastwagen umher und waren guter Dinge. Plötzlich hob einer von ihnen einen ziemlich schweren metallenen Lastwagen, mit dem er gerade spielte, auf und schaute den anderen forschend an. Ich hatte eine undeutliche Ahnung, daß gleich etwas Böses passieren würde, glaubte aber nichts sagen zu sollen, weil der Vater des Jungen, mein Gastgeber, mit mir zusah und sich nicht regte. Doch richtig, einen Augenblick später ließ der kleine Junge den Wagen auf den Kopf des anderen niedersausen. Der sah eine Sekunde lang erstaunt auf und brach dann in ein schmerz- und schreckerfülltes Brüllen aus. Der erste Junge sah ihn an; er machte einen verwirrten und immer mehr gepeinigten Eindruck (obwohl sein Vater aus irgendwelchen Gründen nichts tat, um ihn zu strafen oder zu tadeln). Dieses Brüllen und die Tränen waren mehr, als er erwartet hatte. Er weinte zwar nicht, aber man konnte deutlich sehen, wie ihm der Schreck in die Glieder gefahren war.

Eine meiner frühesten Kindheitserinnerungen – inzwischen erinnere ich mich besser an den Bericht als an den wirklichen Vorfall – handelt von einem ähnlichen Ereignis. Ich spielte mit einem gleichaltrigen Freund – wir waren zwischen 3 und 4 Jahre alt – im Park. Plötzlich hieb er mir mit der Spielzeugschaufel über den Kopf. Der Hieb kam mir wie der Blitz aus heiterem Himmel; wir hatten vorher friedlich gespielt. Ich verstand nie, weder damals noch später, warum er mich schlug. Vielleicht hatte ihn jener gleiche Trieb der Neugierde überwältigt, der den Jungen veranlaßt hatte, mit dem Lastwagen zu schlagen.

Lisa gebraucht gern stark gefühlsbeladene Ausdrücke. Im Zeitraum von wenigen Wochen sagte sie zum ersten Mal: »Das ist nicht recht!« »Ich bring alles durcheinander!« »Mach mich nicht böse und hör auf!« All diese Ausdrücke werden gewöhnlich in gespannten und aufgeregten Situationen gebraucht. Wenn sie fühlt, daß sie sich in einer solchen Situation befindet, kommen die Ausdrücke ganz natürlich aus ihr heraus.

Sprechen und Spielen sind bei Lisa nicht voneinander zu trennen. Als wir neulich im Wagen zur Stadt fuhren, sie im Rücksitz, ich vorne, wandte ich mich zurück, um nach ihr zu schauen. Sie warf mir einen schalkhaften Blick zu und befahl mir: »Dreh dich um!« Ich hörte diesen Ausdruck zum ersten Mal von ihr und folgte ihrem Wunsch. Eine Sekunde später schaute ich wieder nach ihr zurück. Wieder befahl sie mir, mich umzudrehen, und wieder drehte ich mich um. So wurde aus ihrem Test, ob der Ausdruck paßte, ein Spiel, das wir noch mehrmals wiederholten.

Manchmal geht das Spiel in umgekehrter Richtung vor sich. So befahl sie mir eines Morgens, ich solle auf sie achtgeben. Sie marschierte im Kreis um einen Stuhl herum, wobei sie mich ständig im Auge behielt. Ich glaubte, dazu eine Bemerkung machen zu sollen und sagte irgend etwas. Vielleicht war meine Annahme richtig, jedenfalls schien sie genauso erfreut zu sein, als hätte ich ihrer Aufforderung Genüge getan. Sie setzte dieses Spiel nun mit anderen Handlungen fort, wobei sie mich die ganze Zeit über beobachtete und auf mich hörte, was ich dazu zu sagen hätte. Es scheint tatsächlich oft so, daß sie ebenso, wie sie Dinge sagt, um zu sehen, was man darauf tut, – Dinge tut, um zu sehen, was man dazu sagt.

Vor kurzem tätschelte Lisa meine Wange; ich weiß nicht mehr warum. Dann blies ich die Backen auf und wartete, was sie tun würde. Meine aufgeblasenen Bakken boten ein verführerisches Ziel. Schließlich gab sie mir einen leichten Klaps darauf, und ich blies die Luft zwischen meinen Lippen mit einem lauten, befriedigenden Geräusch hinaus. Sie hatte großen Spaß daran und verlangte von mir, es noch einmal zu tun. Bald spielte die ganze Familie dieses Spiel mit ihr. Nach einer Weile wollte sie das Spiel umkehren. Sie blies ihre ohnehin runden Backen auf. Als wir nun unsererseits ihr einen kleinen Klaps gaben, war darin aber nicht genug Luft, um ein Geräusch hervorzubringen. Ihr schien das jedoch nichts auszumachen; sie freute sich trotzdem an dem Spiel.

Vor einiger Zeit hatte sie gerne Spiele, in denen sie die Älteren imitierte. Seit neuem fängt sie an, Spiele zu erfinden, in denen wir sie zu imitieren haben. Wie so viele gute Spiele, begann auch dies durch Zufall. Sie machte gerade eine Grimasse – sie liebt es, Grimassen zu ziehen –, als sie meinen Blick auffing. Ohne etwas dabei zu denken, ahmte ich ihre Grimasse nach. Sofort beschloß sie, daß ich alles nachahmen würde, was sie mir vormachte, und schon ging es los. Ein anderes Mal schaute sie ihren älteren Brüdern beim Fußhakeln auf dem Boden des Wohnzimmers zu. Nach einer Weile verlangte sie, mitspielen zu dürfen. Wir spielten zum Schein ein wenig mit ihr – zogen sie herüber und ließen uns scheinbar von ihr zurückziehen –, wobei wir das Ganze mit viel Ächzen und Stöhnen begleiteten. Bald begann sie, verschiedene Kunststücke vorzuführen, die wir nachmachen sollten; sie ließ sich auf die Knie fallen, bewegte sich im Kreise auf Händen und Knien, wobei sie rückwärts durch die Beine schaute (eine Lieblingsübung aller kleinen Kinder) und so weiter.

Eines Morgens führte sie mich durch den Pinienwald, der das Haus umgibt. Manchmal rannte sie ein Stück, dann ging sie wieder normal oder warf beim Gehen abwechselnd die Füße in die Luft. Die ganze Zeit über beobachtete sie mich, um zu sehen, ob ich sie nachahmte und ob ich keinen Fehler dabei machte.

An einem dieser Tage fuhren wir zu einem kleinen Vergnügungspark in der Stadt. Dort gab es ein Riesenrad für Kinder, einen Zug, der in einem Oval herumfuhr; weiter einen Jeep mit feststehenden Rädern, der in einem Kreis um einen Masten herumfuhr, sowie eine Reihe kleiner Metallwägelchen, die lärmend auf einem kreisförmigen Holzgleis herumhopsten.

Gleich auf den ersten Blick hatten es ihr diese Wägelchen angetan. Wir setzten sie in eines hinein, und schon fuhr sie ab. Wir befürchteten, der Lärm und das Gehopse würden sie beängstigen, und viel fehlte auch nicht dazu. Während sie im Kreis herumfuhr, blickte sie mit strengem Gesichtsausdruck vor sich hin und schaute nur gelegentlich beim Vorüberfahren zu uns her. War es ein Zufall, daß sie ihr kleines Lenkrad immer nach links drehte, also in gleicher Richtung wie die Fahrbahn gekrümmt war? Oder hatte sie bei der Fahrt in unserem Wagen etwas vom Zusammenhang zwischen der Drehung des Lenkrads und der Bewegung des Wagens begriffen?

Bald war die Fahrt zu Ende, und wir hielten nach etwas anderem Ausschau. Einige größere Kinder fuhren in dem kleinen Zug und ließen die Lokomotivpfeife heulen und läuteten mit der Glocke. Für Lisa sah das verlockend und ein wenig furchterregend aus. Vielleicht machte der Zug zuviel Lärm, vielleicht war er zu groß oder zu schwarz. Sie wiederholte immer wieder: »Ich kann nicht

Zug fahren! Ich kann nicht Zug fahren!« Wir beruhigten sie und sagten, das sei auch nicht nötig. Die kleinen Wägelchen blieben doch ihr Hauptvergnügen.

Nach einiger Zeit verließen wir den Park, um Eis essen zu gehen. Während des Eisessens erschien ihr die Vorstellung, die sie vom Zuge hatte, nicht mehr so schrecklich. Je mehr sie darüber nachdachte, desto kleiner und gefahrloser schien er zu werden. Schließlich wurde sie sehr mutig und sagte: »Ich muß sofort mit diesem Zug fahren!« Da wir meinten, sie sollte diese Gelegenheit, ihre Angst zu überwinden, ausnutzen, gingen wir zum Park zurück. Aber, ach, als wir dort angekommen waren, sah der Zug so groß und schwarz aus wie eh und je, und sie sagte wieder: »Ich kann nicht Zug fahren! Ich kann nicht Zug fahren!«

Meistens ist es leicht zu sagen, warum wir gewisse Dinge fürchten. Nicht ganz so einfach ist es, zu entscheiden, woher der Ansporn kommt, diese Angst zu überwinden, besonders nicht bei einem sehr kleinen Kind. Es gibt verschiedene Formen von Mut. Manche können erlernt werden. Aber es gibt sicher auch einen Trieb in uns, mutig und tapfer zu sein, d. h. Angst zu überwinden. Dieser Trieb wird dann stärker werden und wachsen, wenn unser Mut nicht über ein gewisses Maß hinaus beansprucht wird. Wir sollten ihn bei kleinen Kindern immer unterstützen.

Wenn Lisa etwas unbedingt tun will, sagt sie: »Ich muß…«. Wenn sie etwas nicht tun will, sagte sie: Ich kann nicht…«. Man sieht leicht, woher diese Ausdrücke kommen. Wenn wir wollen, daß sie etwas tut, verlangen wir es auch mit den Worten »Du mußt!« Und wenn wir ihr etwas verbieten wollen, sagen wir »Du kannst nicht!« Sie gibt uns diese Worte einfach wieder zurück.

Zur Zeit fängt sie an, den Konflikt zwischen ihrem Willen und dem Willen der Riesen, die alles in der Welt bestimmen – der Erwachsenen –, zu spüren. Ihr größerer Bruder, der für sie ein Erwachsener ist, neckt sie oft mit einem »Du-mußt«. Sie sagt: »Ich kann nicht!« Dann wechselt er die Front und sagt: »Du kannst nicht!« Sofort erwidert sie: »Ich muß!« So geht es fort, solange sie Spaß daran haben.

Auf fast jede Frage antwortet sie mit »Nein« oder mit einem negativen »nnh-nnh«. Das heißt nicht, daß sie meinte, *nein* sei die richtige Antwort; sie sagt oft *nein*, wenn sie weiß, daß *ja* die richtige Antwort ist. So zum Beispiel, wenn ihre ältere Schwester, die sie sehr gerne hat, fragt: »Bist du meine Schwester?«

> *Das Wort »nein« ist für ein Zweijähriges*
> *Unabhängigkeitserklärung und Magna Charta*
> *zugleich.*

Es ist seltsam genug: Die meisten Menschen beunruhigen sich über die ersten Zeichen von Unabhängigkeit bei ihren Kindern. Moderne Eltern hört man oft sagen: »Es ist nur ein Stadium, über das sie hinauswachsen werden«, so, als ob es eine Krankheit wäre, von der sich das Kind bei rechter Pflege und etwas Glück wieder erholen kann. Die altmodischeren Eltern richten sich darauf ein, dem kleinen Ding zu zeigen »Wer-der-Herr-im-Hause-ist«, obgleich sich das kleine Kind ganz und gar abhängig fühlt und obwohl sein Verlangen nach größerer Unabhängigkeit jede Unterstützung braucht.

Lisa will genau das tun, was die Großen tun. Dies kann Schwierigkeiten bereiten. Beim Abendessen besteht sie darauf, daß sie ihr Essen von der gleichen Platte

erhält wie die anderen auch und nicht auf einem Extra-
teller im voraus serviert bekommt. Vor einigen Tagen
hatten wir Schweinekoteletts. Da ich wußte, daß sie unmöglich ein Stück zerschneiden konnte und daher von
dem großen Stück nur ein paar Bissen essen würde, versuchte ich, ihr einige kleine Stücke zurechtzuschneiden.
Sie protestierte: »Ich will Fleisch! Ich will Fleisch!« Ich
gab zurück, daß sie es ja haben sollte. Vergeblich! Ich
wußte, was sie wollte; und sie wußte, daß ich es wußte.
Ein ganzes Kotelett mußte auf ihren Teller gelegt werden. Erst nachdem sie eine Zeitlang ohne Erfolg mit
Messer und Gabel an ihm herumgeschnippelt hatte, erlaubte sie mir, ihr einiges davon abzuschneiden.

Sie demonstriert ihre Unabhängigkeit auf viele Arten.
Im Hof, hinter dem kleinen Haus, befinden sich einige
Schaukeln, die mit Ketten aufgehängt sind, so daß man
sie in der Höhe verändern kann. Ein älteres Kind hatte
eins der Schaukelbretter abgenommen und auf dem Boden liegen gelassen. Lisa wollte damit schaukeln und
fummelte mit ihm auf der Erde herum. Ich fragte sie daher: »Willst du schaukeln?« Sie antwortete: »Nein.«
Aber da sie immer so antwortete und es den Anschein
hatte, als wollte sie tatsächlich schaukeln, fing ich an,
eine der Ketten einzuhaken. Sie protestierte mit strengem Ton. »Nicht Schaukel festmachen!« Dann nahm sie
die andere Kette und begann, sie am Ende festhaltend,
sich nach dem Querbalken zu recken, an dem sich der
Haken für die Aufhängung befand. Sie machte einige
ernsthafte Versuche, hüpfend die letzten Zentimeter
zum Haken zu überwinden. Nach einiger Zeit gab sie
auf und wandte sich etwas anderem zu. Ich ging wieder
zur Schaukel hin und sogleich befahl sie: »Nicht Schaukel festmachen, John!« Daraus wurde allmählich ein

Spiel: Ich näherte mich langsam der Schaukel, sie wehrte mich ab, ich ging weg, und so weiter. Sie behielt immer einen spielerischen, dabei doch ernsthaften Ausdruck bei. Erst später, als sie sich mit anderen Sachen beschäftigte, konnte ich die Schaukel festmachen.

Schon vor einem Jahr hatte sie ein unbändiges Verlangen, an den Spielen der anderen teilzuhaben. Damals war es noch einfacher, sie zu täuschen. Wenn die älteren Kinder Dame spielten oder Mühle oder Schach, konnten sie Lisa im allgemeinen dadurch besänftigen und loswerden, daß sie ihr einige übrige Steine gaben, mit denen sie auf dem Boden spielen konnte. Aber lange hielt auch dies nicht an. Sie bemerkte bald, daß Steine oder Spielkarten nach besonderen Regeln benutzt wurden, und sie wollte sie ebenso benutzen – auf dem Brett. Das machte die Sache für Schachspieler schwierig. Wenn sie sieht, wie einige Schach spielen oder wenn sie uns nur davon reden hört, will sie sofort auch spielen. Nicht, daß sie das Spiel besonders gern hätte – und sei es auch nur so, wie sie es versteht oder nicht versteht –, sie will nur nicht vom Spiel der anderen ausgeschlossen sein. Manchmal versuchen ihre Brüder, sich beim Spielen auf der oberen Schlafkoje ihres Zimmers zu verbergen. Es dauert aber meist nicht lange, bis sie sie aufgestöbert hat und anfängt »Muß Schach spielen! Muß Schach spielen! Muß! Muß!« Es nützt nichts, ihr ein paar übrige Figuren zu überlassen, sie will auf dem Brett spielen. Wir können sie nur überreden, die Jungen ihr Spiel beenden zu lassen, indem wir ihr das nächste versprechen, das sie dann ausführlich und freudig genießt, wer auch immer mit ihr »spielt«.

Ihre Geduld und ihre Konzentration sind erstaunlich. Neulich fand sie einen grünen Kugelschreiber, den sie auseinandernahm. Er bestand aus vier Teilen, der Mine, zwei Hülsen, die das Gehäuse bildeten und auseinanderschraubbar waren, und dem Halter. Ursprünglich gehörte auch noch eine Feder dazu. Aber als ich hinzutrat, war sie nicht mehr da. Ich wollte Lisa beim Zusammensetzen der Teile helfen, aber sie erlaubte es mir nicht. Sie war zwar unbeholfen, aber sehr geduldig im Ausprobieren aller möglichen Anordnungen. Sie hatte keine deutliche Vorstellung davon, wie die Sache aussehen mußte, nachdem alle Teile zusammengesetzt waren. Dennoch war sie nahe daran, die richtige Anordnung zu erraten. Oft brachte sie die einzelnen Teile in der richtigen Reihenfolge zusammen, aber die beiden Hülsen wollten sich nicht zusammenschrauben lassen und fielen immer wieder auseinander. Sie wurde nicht böse und verlor auch nicht den Mut und arbeitete über zwanzig Minuten an ihrem Problem. Sie hätte noch längere Zeit dabei verbracht, wenn sie nicht zum Mittagessen gerufen worden wäre.

Während ich ihr zusah, fielen mir unwillkürlich jene Vierjährigen ein, die ich im Kindergarten versuchen sah, Puzzlespiele zusammenzusetzen und die oft in Tränen ausbrachen oder zornig wurden, wenn es ihnen nicht gelang.

Warum sind ältere Kinder soviel weniger imstande, die Enttäuschung zu überwinden, die sich einstellt, wenn ihnen ein sofortiger Erfolg versagt bleibt?

Ich vermute, daß es daher kommt, daß sie schon im Kindergarten miteinander rivalisieren und um ihre Anerkennung durch den Lehrer oder die anderen kämpfen müssen. Ein Kind, das es nicht fertigbringt, das Puzzlespiel richtig zusammenzulegen, weiß, daß dies den älteren Kindern schon geglückt ist und daß der Lehrer und andere Kinder von ihm erwarten, daß es ihm auch gelingt. Es weiß, daß es die Enttäuschung des Lehrers oder den Spott der anderen zu spüren bekommen wird, wenn es versagt. Aber Lisa kümmert sich nur um den Kugelschreiber und darum, ob sie ihn zusammensetzen kann; ob andere dies können und was sie von ihren Anstrengungen halten, interessiert sie nicht. Für viele Vierjährige dagegen ist ein Puzzlespiel nur ein Mittel zum Zweck, nämlich, die Anerkennung eines anderen zu gewinnen.

Für Lisa liegt der Zweck beim Zusammensetzen
des Kugelschreibers in der Sache selbst.

Danny tat neulich etwas, was man für so typisch für kleine Kinder hält, daß es von mir erfunden sein könnte. Er besitzt drei Bildlegespiele – ähnlich Puzzlespielen, nur viel einfacher. Obwohl Danny erst **29 Monate alt** ist, kann er diese Legespiele ohne fremde Hilfe zusammensetzen. Überraschend ist, daß er so geschickte Finger hat und daß er drei derartig komplizierte Muster im Kopf behalten kann. Er probiert nicht beim Zusammenlegen – nicht mehr; er *weiß* wo jedes Teil in jedem Spiel hingehört. Er hat eine grobe Reihenfolge entwickelt, in der er die einzelnen Teile bevorzugt zusammenlegt, ist aber kein Sklave dieses Systems. Es gibt wahrscheinlich in jedem Punkt der Entwicklung ein bestimmtes Teil, das er am liebsten als nächstes anlegen möchte. Wenn dieses Teil aber gerade nicht zur Hand ist, kann er auch mit einem anderen das Spiel richtig fortsetzen. Es lohnt sich schon, ihm dabei zuzuschauen.

Nun war er wieder einmal mit einem der Legespiele beschäftigt. Es bestand aus Schiffsbildern. Auf einem Bauteil, das an den Rand des Bilds gehört, ist eine Wolke abgebildet. Er hob es auf, legte es auf seinen Platz und versuchte, es in das Bild richtig einzufügen. Er hatte es aber ein wenig gedreht, so daß es nicht genau entlang des Randes zu liegen kam. Außerdem hatte es keine Längsseiten mit den schon daliegenden Teilen gemein, die er als Führung hätte verwenden können. Er kämpfte mit diesem einen Teil, drehte es herum, konnte es aber nicht an die passende Stelle bringen. Das machte ihn immer unruhiger; er *wußte,* es gehörte dorthin, aber es schien nicht zu passen. Seine Bewegungen wurden immer flatterhafter und ängstlicher. Plötzlich wandte er sich vom Spiel ab, krabbelte zu seiner Decke, packte sie und saß auf dem Boden, den Daumen im Mund, wobei er uns ansah, als wollte er sagen: »Ich weiß, was ich in solchen Fällen zu tun habe.« Wir lachten alle belustigt. In wenigen Augenblicken hatte er wieder soviel Mut gefaßt, daß er zurück zum Puzzlespiel gehen konnte. Er legte die restlichen Teile, einschließlich der schwierigen von vorher, an und hatte bald das Spiel beendet.

☽

Besuchte wieder Danny. Wir machten einen Spaziergang um den Visual Arts Center in Harvard. Plötzlich schaute er auf und entdeckte den Mond am Himmel. Er wies auf ihn hin. Einige Augenblicke später, nachdem wir ein kurzes Stück auf der Straße weitergegangen waren, schaute er noch einmal auf und fand den Mond wieder. Es überraschte ihn, daß der Mond scheinbar an einer anderen Stelle stand als zuvor.

Er redete ohne Unterlaß. Ich bemerkte, daß er stets die letzten Worte unserer Reden wie zur Übung wiederholt.

Als wir nach Hause kamen, erfanden wir zwei gute Spiele. Ich weiß nicht, wie wir darauf kamen. Es gab dort ein kleines Kissen auf der Couch. Aus irgendeinem Grund nahm ich es und warf es zu Danny hin. Er fing es auf und warf es zurück. Für ihn war das eine aufregende Sache. (Wahrscheinlich war es eine gute Koordinationsübung, zuerst den Flug des Kissens mit den Augen zu verfolgen und dann den richtigen Zeitpunkt für das Zupacken abzuwarten.) Dies war auch ein leichtes Spiel, denn das Kissen war weich, sprang nicht weit weg von ihm und ließ sich gut festhalten. Danny besitzt auch einen großen Ball, nach dem er gerne hascht, obwohl sich dieser ganz anders verhält als das Kissen.

Das zweite Spiel war »Hau-das-Bett«. Als wir »Hasch-mich« spielten, setzte ich mich einmal auf die Couch. Der kleine Bursche hatte mehr Energie als man auf so wenig Raum vermutete, aber auch mehr als er je verbrauchen konnte. Da ich mich daran erinnerte, wieviel Spaß es ihm gemacht hatte, mit dem Stock auf das Stuhlkissen zu schlagen, schlug ich mit der flachen Hand auf das Bett der Schlafcouch. Es gab einen schönen, lauten Knall. Danny war hocherfreut. Ich sagte zu ihm: »*Du* schlägst das Bett.« Er kletterte herauf und gab dem Bett einen etwas zaghaften Klaps. Ich sagte: »Oh, du kannst viel stärker schlagen als so«, wobei ich ihm einen weiteren guten Klaps versetzte. Aber erst nach mehreren

Versuchen ließ er seine Hemmungen fallen und schlug so stark er konnte.

Aus diesem Anfang entwickelte sich unser Spiel. Während wir doch damit beschäftigt waren, das Kissen hin- und herzuwerfen, hielt er immer wieder inne und forderte mich auf, »Schlag aufs Bett!« Jedesmal schlug ich mit ganzer Kraft; jedesmal lachte er. Dann gab ich dem Bett einmal, ohne Grund oder feste Absicht, nur einen leichten Klaps und fragte ihn: »Soll ich stärker schlagen?« Er: »Ja!« Ich schlug nur ganz wenig stärker und wiederholte meine Frage. Wieder, ja. Ein stärkerer Schlag folgte, die gleiche Frage, und so ging es weiter, vier- bis fünfmal, bis ich so stark schlug, wie ich konnte. Wir wiederholten das Ganze noch einige Male. Beim dritten Mal, ich hatte gerade dem Bett einen gelinden Schlag gegeben, hielt ich plötzlich inne. Er schaute mich eine Sekunde lang an und sagte nun diesmal selbst: »Stärker!« Ich schlug stärker, aber nicht sehr viel. Er wieder: »Stärker!« Ich gab mir ein bißchen mehr Mühe. Wieder und lauter als zuvor: »Stärker!« Und so ging es fort, bis ich mit voller Stärke hieb. Auch dieses Spiel war sehr aufregend und bereitete ihm großen Spaß; später spielten wir es seinen Eltern vor.

Was ich mit dieser Geschichte zeigen möchte, ist, daß sich die besten Spiele mit kleinen Kindern leicht und natürlich aus einer Augenblickssituation entwickeln. Gute Spiele kann man nicht im voraus planen, sie entstehen nur, wenn wir ohne Absicht und nur zum Spaß mit Kindern spielen. Und welches Spiel es auch immer sei, wir müssen bereit sein, es aufzugeben – ohne Verzug und ohne Bedauern –, wenn das Kind keinen

Spaß mehr daran hat. Man ist leicht verführt zu denken »Wenn ich ihn nur dazu bringe, eine Weile mitzuspielen, wird er schon Gefallen daran finden.« Er wird nicht, auch wir nicht.

Danny beherrschte die Legespiele so gut, daß ihm seine Eltern einige Puzzlespiele mit unregelmäßigen Formen kauften. Er besitzt nun zwei oder drei von ihnen, die er sehr gut zusammensetzen kann. Gestern spielte er mit einem, auf dem ein mexikanischer Junge und zwei Ziegen abgebildet sind. Es war eine fesselnde Beschäftigung, ihm dabei zuzuschauen. Er hat eine gewisse Vorstellung vor Augen, wie das zusammengesetzte Spiel aussehen muß. Sie sagte ihm, daß ein bestimmter Ausschnitt hierhin, ein anderer dorthin gehört. Er schaut sich den Haufen mit den vielen kleinen Ausschnitten einige Sekunden lang an, greift plötzlich nach einem und legt ihn an den Ort, an den er seiner Meinung nach gehört. Vier von fünf Malen hat er recht. Und wenn er unrecht hat, sieht er es gewöhnlich sehr schnell ein und gibt ohne viel Aufhebens den Versuch auf, das Stück dorthin zu legen, wo es nicht hingehört.

Gestern abend gab es eine Ausnahme. Er versuchte, ein Teil irgendwo hinzulegen. Es hatte fast die richtige Form, und die Farben paßten ziemlich gut zusammen, obwohl nicht ganz. Offenbar hat er kein gutes Gefühl für die genaue Übereinstimmung von Farben; er legt die Puzzles nicht nach den Farben zusammen. Dieses Teil mußte dem richtigen so ähnlich sein, daß er es mit ihm verwechselte. Es dauerte nicht lange, bis er den Punkt überschritten hatte, wo er noch ohne Prestigeverlust seine Entscheidung hätte revidieren können. Nun setzte er seinen ganzen Stolz darein, sie doch noch stimmend zu machen. Man sah ihm an, wie er immer zaghafter wurde, wie es allen Kindern ergeht, wenn ihnen ein Teil der Welt, der ihnen bis dahin vertraut war, plötzlich unverständlich wird. Sein Vater machte eine vorsichtige Andeutung dahingehend, daß er doch noch einmal überlegen sollte, ob er nicht das falsche Bildteil erwischt hätte. Aber der Junge war nicht mehr bereit, seinen Fehler zuzugeben; er »wußte«, an welchen Platz das Teil gehörte; das dumme war nur, daß es dort nicht hinpaßte. Nach einer Weile kam mir die rettende Idee. Ich sagte zu ihm: »Warum legst du's nicht für einen Moment beiseite und nimmst zuerst ein paar andere, bevor du wieder daran gehst?« Dazu ließ er sich herbei. Er vervollständigte das Bild an einigen anderen Stellen und nahm schließlich das schwierige Teil und legte es ohne Zögern an die richtige Stelle. Sie befand sich zufällig genau neben derjenigen, an der er so lange herumprobiert hatte; er hatte also doch nicht völlig unrecht gehabt.

Mir scheint, daraus können sowohl Lehrer wie Schüler etwas lernen. Es gibt Zeiten, zu denen auch der geschickteste Lehrer vor sich zugeben sollte, daß er gerade versucht, mit dem Kopf durch die Wand zu rennen, und daß dies unsinnig ist. In solchen Augenblicken neigen Lehrer dazu, Schüler als eine Art Prellbock zu betrachten. Ich habe es selbst oft genug gemacht. Es führt zu nichts.

Danny, seine Eltern und ich besuchten im Nachbarhaus ein kleines Mädchen etwa seines Alters. Sie besaß ebenfalls einige der Legespiele, war aber anscheinend nicht imstande, sie zusammenzusetzen. Ihre Weise, damit zu spielen, bestand darin, irgendein beliebiges Teil herauszugreifen und es an einen offensichtlich unmöglichen Platz zu legen. Dann drehte sie sich um und kicherte, als wollte sie sagen: »Ist das nicht dumm?« Ihre Taktik ähnelt sehr stark der Taktik des absichtlichen Versagens, die wir bei älteren Kindern und Erwachsenen antreffen. Ihr Motto ist: »Wenn du ein Spiel nicht spielen kannst, mach' eins draus, das dir gelingt. Wenn du nicht weißt, wie man ein Spiel richtig spielt, spiele falsch, aber so offensichtlich falsch, daß jeder sieht, daß du dich nicht ernsthaft damit abgibst.«

Später, als wir wieder bei Dannys Eltern zu Hause waren, legte er einige seiner Puzzlespiele auf dem Boden aus. Er hatte schon eines ganz beendet und war voller Energie und Selbstvertrauen. Plötzlich begann er, etwas zu tun, was das kleine Mädchen zuvor getan hatte: er legte Bauteile an Stellen, wo sie offensichtlich falsch angebracht waren. Dabei sah er mich an und lachte. Er hatte nur Spaß gemacht; aber sein Scherz war ein anderer als der, hinter dem das kleine Mädchen ihre Unfähigkeit zu verbergen suchte. Er wußte, daß er das Puzzle richtig legen konnte und legte es absichtlich falsch, einfach aus Übermut und weil es ihm Spaß machte. Ich kam allerdings nicht gleich drauf, vielleicht weil wir sofort wieder zu etwas anderem übergingen. Aber später ereignete sich etwas anderes, was mich auf diese Idee brachte. Er zeigte mir eins seiner Lieblingsbücher. Das Buch enthielt Abbildungen aller Arten von Bau- und Konstruktionshilfsmaschinen. Er kannte alle diese Maschinen dem Namen nach und liebte es, die Bezeichnungen beim Ansehen des Buches aufzusagen. Zuerst drehte er den Deckel um, auf dessen Innenseite eine Anzahl von Walt Disney-Figuren abgebildet waren. Einige von ihnen kannte er schon; bei anderen fragte er uns nach dem Namen. Dann schlug er das Buch auf, aber dieses Mal spielte er ein neues Spiel mit uns. Auf jeder Seite zeigte er uns eine Maschine und nannte eine Bezeichnung, die für diese Maschine *nicht* zutraf; beim Bild der Betonmischmaschine sagte er »Traktor«; zu einem Großbagger sagte er, offensichtlich die Wirkung des Wortes auf uns genießend, »Mähdrescher«. Eine Maschine anzuschauen und ihr absichtlich einen falschen Namen zu geben, erschien ihm wie ein guter Scherz. Dies scheint eine Haltung gegenüber der Welt der Symbole zu sein, aus der ein gesundes Selbstvertrauen spricht. Die Symbole sind für uns da, um nach unserem Belieben verwendet zu werden. Wir können sie richtig gebrauchen, wenn wir wollen, aber wir müssen nicht. Wir können sie zum Scherz auch anders gebrauchen.

Wenn man weiß, wie man etwas richtig tun muß, macht es oft Spaß, es absichtlich falsch zu tun. Kinder besitzen dafür ein ausgeprägtes Gefühl. Wenn Erwachsene dies an ihren Kindern entdecken, neigen sie dazu, es zu mißbilligen. Ich glaube, daß dies ein Fehler ist – möglicherweise ein schwerwiegender Fehler – und daß man eine Haltung, wie sie neulich Danny bekundete, eher fördern sollte und sich im übrigen über sie freuen. Man muß nicht immer recht haben.

Schon sehr kleine Kinder verstehen es, das Gesetz von Ursache und Wirkung in ihren Spielen anzuwenden. Als ich letztes Jahr in Frankreich war, besuchte ich einen jungen Lehrer und seine Familie. Sie hatten einen nicht ganz eineinhalbjährigen kleinen Jungen. Ich schaute ihm oft zu, wie er sich zu seinem Bettchen bewegte und sprach und spielte mit ihm. Eins seiner Spielzeuge war ein Gummiring in der Größe eines Tennisringes. Diesen legte ich mir, während er gerade herschaute, auf den Kopf. Im nächsten Moment nickte ich, so daß mir der Ring übers Gesicht rutschte und herunterfiel. Dann legte ich ihm den Ring auf den Kopf. Er tat genau das gleiche wie ich vorher. Dieses Spiel wiederholten wir mehrere Male. Als ich gerade einmal an der Reihe war, legte ich mir nur den Ring auf den Kopf und wartete. Er sah mir einige Sekunden lang zu, dann nickte er nachdrücklich mit seinem Kopf. Ich nickte auch und der Ring fiel herunter. Daran hatte er ein so großes Vergnügen, daß unser Spiel fast kein Ende fand.

Einmal, es war Jahre zuvor, spielte ich mit einem noch jüngeren Kind, das nicht älter als sieben oder acht Monate alt war. Während ich das kleine Mädchen umhertrug, stießen wir aus irgendeinem Grunde plötzlich mit den Köpfen zusammen. Ich sagte: »Bumms.« Da sie der Vorfall zu freuen schien, ließ ich ihn noch einmal geschehen und sagte wieder: »Bumms«. Nach einigen Malen hatte sie den Ablauf verstanden und stieß ihrerseits mit ihrer Stirn gegen mich, wenn ich »Bumms« sagte und lächelte mich voll Wonne an.

Vor einigen Jahren trug ich meine elektrische Reiseschreibmaschine in die Vorschule der **Dreijährigen**. Es waren noch etwa 40 Minuten bis zum Beginn des eigentlichen Unterrichts. Ich sagte beim Eintreten kein Wort, ging nur in eine Ecke, stellte die Maschine auf einen niedrigen Tisch und begann sehr langsam und immer mit einem Finger zu tippen. Eine Zeitlang näherten sich die Kinder etwas beunruhigt nur bis auf einige Schritte, wobei sie mir dann und wann inmitten ihres Spiels einen kurzen Blick zuwarfen. Langsam kamen die Mutigeren immer näher. Endlich kam eines, wie ich gehofft hatte, ganz heran und fragte, ob es auch mal daran dürfte. Ich antwortete: »Natürlich, wenn du willst.« Nach kurzer Zeit wollte jeder einmal drankommen. Während einer tippte, drängten sich die anderen schweigend um ihn herum, stets nach vorne schauend, wie Leute, die auf einen Zug warteten. Die Schreibmaschine wurde fast zu beliebt, denn ich konnte kein Kind auch nur fünf Minuten sich daran üben lassen, was nicht ausreichte, um viel zu untersuchen oder zu erforschen. Um etwas wirklich an ihr herauszufinden, war die Zeit zu knapp. Außerdem wurde das Kind, das jeweils an der Maschine saß, viel zu sehr durch die aufgeregten Kameraden abgelenkt.

Die **Dreijährigen** lassen sich noch immer von der Schreibmaschine faszinieren. John kommt gewöhnlich morgens als erster heran. Sobald er mich entdeckt, bittet er darum, an die Maschine gelassen zu werden. Er liebt es auch, den Stecker anzuschließen. Nach etwa vier Tagen sagte er zu mir, als ich den Raum verließ, um zu meiner eigenen Klasse zu gehen: »Mr. Holt, sie müssen mir die Schreibmaschine mit nach Hause bringen.« Zwei andere wünschten sich das gleiche.

Am fünften Tag entdeckte John das Ding, das das Band von rot auf schwarz schaltet, und bemerkte den Unterschied der Farben, die auf dem Papier erschienen. Inzwischen kennen auch alle anderen den Schalter und tricksen an ihm herum. Sie beginnen, sich etwas mehr für die Zeichen auf dem Papier zu interessieren – vorher hatte ihnen schon die Bewegung der Hebel genügt. Sie würden sich vielleicht noch mehr für die Buchstaben interessieren, wenn diese größer wären.

Elsie (**fünfeinhalb**), die Schwester Charlies, kam an die Reihe. Sie kann lesen und buchstabieren. Sie schrieb ohne fremde Hilfe »*LIEBER VATI, ICH HABE DICH LIEB UND BIN GERN IN DEINEM ZIMMER*«. Das fand Matt (4) so aufregend, daß er auch etwas an seinen Vater schreiben wollte. Ich zeigte ihm, welche Tasten er zu drücken hatte, um *LIEBER VATI* zu schreiben. Er schrieb *LLIEBER VVATTI*. Aber das war alles, was ihm dazu einfiel. Vielleicht hatte er es während des mühseligen Jagens nach den Buchstaben auch schon wieder vergessen oder konnte dabei nicht recht denken, denn er fühlte sich zwischen dem einen Wunsch, die Maschine rasch zu bedienen und dem anderen, sie etwas sagen zu lassen, dauernd hin- und hergerissen.

Charlie (gerade **vier Jahre alt** geworden) ist anders als die meisten dieser Jungen. Er will wissen, wie die Buchstaben heißen, die er gerade anschlägt. Er geht mit Überlegung vor, schlägt eine Taste an und betrachtet das Zeichen, das sie macht. Er wäre wohl imstande, der Gruppe im Laufe der Zeit zu neuen Entdeckungen zu verhelfen. Eines Tages entdeckte er, durch die Tastatur blickend, eine rotierende Achse in der Maschine – es war diejenige, die die Tasten bewegt. Er hätte gern gewußt, wozu sie eigentlich da war.

Es waren etwa sechs Tage vergangen, da sagte Matt, auf die Buchstaben und Zahlen auf dem Papier blickend: »Hier ist die Nummer fünf!« Er war sehr darüber aufgeregt, daß er das, was er sah, wiedererkannte.

Am Anfang, als die Kinder begannen, mit der Maschine zu schreiben, tippten sie einfach über das Ende der Zeile hinaus, ohne zu bemerken, daß nichts mehr passierte. Nachdem dies eine Zeitlang so gegangen war, sagte ich jedesmal, wenn das Ende einer Zeile erreicht war: »Ende der Zeile« und transportierte dann den Wagen weiter. Inzwischen wissen sie alle, wie und wann man den Wagen weitertransportiert, und es kommt nur noch sehr selten vor, daß ich sie auf das Ende der Zeile aufmerksam machen muß. Charlie hat es sich angewöhnt, selbst »Ende der Zeile« zu sagen, bevor er weiterschaltet.

Einige Kinder wurden besonders geschickt und sorgfältig beim Entwirren der Tasthebel.

Einige Tage später. Matt wollte *VATER* schreiben. Ich schrieb es für ihn auf ein Stück Papier. Er fand das *V* und das *A* auf der Tastatur selbst, ich sagte ihm, wo die anderen Buchstaben lagen. Dann hatte er einen genialen Einfall, der das Problem löste, wie man möglichst schnell schreiben konnte und gleichzeitig etwas mitteilen. Er schrieb: *VVVVVAAAAATTTTEEERR.*

Charlie sucht und findet gern das *C,* mit dem sein Name anfängt. Als ich ihn fragte, ob er auch die anderen Buchstaben finden könnte, warf er mir einen ängstlichen Blick zu, so daß ich das Thema schnell wieder fallen ließ. Wie unvermittelt und heftig reagieren Kinder, wenn sie sich auf die Probe gestellt fühlen!

Charlie versucht, die Namen der Buchstaben kennenzulernen. Er weiß, daß sich in der obersten Reihe der Tastatur die Ziffern befinden, gefolgt von einem Strich, dem Gleichheitszeichen. Es kommt sogar vor, daß ich diese Reihenfolge vergesse und er sie dann, auswendig, hersagt.

Über eine lange Zeit dieses Jahres hinweg sagte John zu mir, wenn ich durch die Tür eintrat, er sei der Sheriff und ich käme ins Gefängnis. Dies ließ mich daran denken, welch großen Erfolg eine Kollegin damit hatte, ihren Kindern diejenigen Worte beizubringen, die sie innerlich beschäftigen und in Aufregung versetzten. Ich schrieb daher eines Tages in großen Druckbuchstaben auf ein Stück Papier *GEH INS GEFÄNGNIS* und zeigte es John und erklärte ihm die Bedeutung der Worte. Mein Hintergedanke war dabei, er könnte es auf der Schreibmaschine schreiben wollen. Eine glänzende Idee – sie interessierte ihn überhaupt nicht.

Er bat mich noch, mit dem Bleistift *GEH HEIM* zu schreiben, aber das war zu meiner Überraschung auch alles. Er wollte nichts davon auf der Maschine schreiben. Dagegen wird er heute noch böse, wenn ein anderes Kind ein großes »I« schreibt. Er behauptet, dies sei *sein* Buchstabe.

Gestern nachmittag spielte Scott, der in einigen Monaten **sechs Jahre alt** wird, mit der elektrischen Schreibmaschine. Wie die meisten Fünfjährigen, die sich dieses Jahr in der Schule mit ihr beschäftigen, erblickt er in der Maschine in erster Linie etwas, das man in Bewegung versetzen kann und erst als nächstes ein Gerät, das viele Zeichen auf ein Blatt Papier macht. Daß man mit ihr auch auf einfache Weise schreiben, das heißt jemandem etwas mitteilen kann, kam ihm noch nicht in den Sinn. Andererseits erkennt er auch in keiner anderen Art des Schreibens die Möglichkeit der Mitteilung. Für ihn und seine Klassenkameraden ist Schreiben eine Art Zeichensetzen mit dem Bleistift oder der Kreide, an der die Erwachsenen anscheinend Gefallen haben. Sie hat nichts damit zu tun, Sprache auf Papier zu übertragen. Wie dem auch sei, er hatte die Umschaltarretierung gedrückt und vergnügte sich damit, das Papier mit Mustern aus Dollarzeichen zu bedrucken. Aus Versehen löste er jedoch die Arretierung und bekam nun lauter Vieren, statt Dollarzeichen. Das gefiele ihm nicht, sagte er und versuchte, seine Dollarzeichen wieder zurückzubekommen. Unter lauten Selbstgesprächen wie »Versuchen wir's mal so«, drückte er nacheinander auf die unbezeichneten Tasten, wobei er mehrere überraschende, aber nicht gewünschte Ergebnisse erhielt, bis er schließlich die Sperre wiederfand und das vermißte Dollarzeichen zu seiner großen Befriedigung wiederhergestellt war.

Sein Lehrer sagte später einmal, es gebe einen bemerkenswerten Unterschied zwischen den »hellen« Köpfen in der Klasse und den weniger »hellen« insofern, als die hellen einen sehr bewußten Gebrauch der wissenschaftlichen Methode machten. Damit meinte er, daß sie überlegt ihre nächsten Schritte zur Lösung eines Problems auswählten und nicht blind herumprobierten. Die Frage ist, gebrauchten sie diese Methode, weil sie intelligent waren oder war es erst die Methode, die sie intelligent machte?

In den letzten zwei Jahren sah ich des öfteren Tommy, Lisas kleineren Bruder. Auch er ist ein unermüdlicher und findiger Experimentierer. Als er **zweieinhalb** war, steckte er gern den Stecker des Staubsaugers in die Steckdose, so daß er den Motor aufheulen hörte. Auch die empfindlichsten Drohungen und Strafen schienen ihn nicht von elektrischen Steckern abzuhalten. Wir beschlossen daher, es sei das Beste, darauf zu achten, daß er sie in der vorgesehenen Weise gebrauchte – was er auch tat. Wie die meisten Kinder verwendet er großen Eifer darauf, alles richtig zu machen.

Einmal, als ich ihn den Staubsauger anschließen sah, brachte ich das Saugrohr zu ihm hin und forderte ihn auf, dessen Ende zu befühlen. Er war überrascht, daß es seine Hand so kräftig ansaugte. Da er Spaß daran hatte, probierte er es immer wieder. Dadurch gewann sein Experiment eine neue Dimension. Von nun an befühlte er das Ende des Saugrohres jedesmal nach dem Anschließen des Steckers.

Während ich ihm dabei zusah, hatte ich den Eindruck, als sei er sich nie vorher sicher, ob seine Hand dieses Mal angesaugt werden würde oder nicht. Kinder brauchen ihre Zeit bis sie »gelernt« haben, daß in vielen Fällen einem Ereignis A immer ein anderes Ereignis B folgt und daß es in diesen Fällen genügt, die Folge einmal ablaufen zu sehen, um sie für alle Zeiten vorhersagen zu können. Eines Tages vergnügte sich Tommy wieder mit dem Staubsaugerstecker. Jedesmal, wenn er ihn angeschlossen hatte, prüfte er die Saugwirkung mit der Hand. Plötzlich blickte er sehr nachdenklich auf Rohr und Stecker. Er hatte eine Idee. Mit voller Absicht führte er das Ende des Rohrs an die Steckdose und fühlte dann mit der anderen Hand den Stecker! Was ihn zu überraschen schien, war, daß er kein Saugen verspürte. Er wiederholte das Experiment noch einige Male mit dem gleichen negativen Ergebnis. Dann ging er zu seinem früheren Spiel zurück. Wenn man darüber nachdenkt, so muß man sagen, daß dieses Experiment geistige Fähigkeiten voraussetzt, die wir wohl bei einem Zweijährigen nicht erwartet hätten.

Und doch sind die Fähigkeiten kleiner Kinder wieder seltsam begrenzt. Im nächsten Sommer schleppte Tommy, nunmehr **drei Jahre** alt, den Gartenschlauch, der eins seiner Lieblingsspielzeuge war, im Hof herum. Plötzlich zog sich der Schlauch, der sich um einen kleinen Pappelsetzling gewickelt hatte, straff und ließ sich nicht mehr weiterziehen. Der Vorgang schien so leicht durchschaubar, denn der Baum war nicht weit weg von ihm. Er aber zog immer fester und fester und wurde unmutig und war nahe daran zu verzweifeln. Schließlich bat er mich um Hilfe, und ich führte den Schlauch um den Baum herum, um ihn sozusagen wieder zu befreien. Ich glaube, er hätte es verstanden, wenn der Schlauch von etwas Schwererem, auf ihm Liegenden festgehalten worden wäre. Er konnte sich jedoch nicht vorstellen, daß etwas so Unbewegliches und Passives wie ein Baum an der Schwierigkeit schuld sein könnte.

Auch Tommy hatte seine Schreibmaschinenstunden. Eines Tages, da ich sah, daß er Interesse zeigte, setzte ich ihn auf einen Stuhl vor mir und er fing an. Gleich zu Beginn tat er etwas Überraschendes. Er ist ein sehr mutiger, unternehmungslustiger kleiner Junge. Ich dachte daher, er würde auf die Tasten hauen wie andere Dreijährige. Aber nein, er tippte ganz sorgfältig und überlegt immer nur auf eine Taste. Ist die Vermutung zu weit hergeholt, daß er, der in einer Familie aufwuchs, in der viele verstehen, wie man mit Maschinen umgeht und sie repariert, eine Art Respekt vor Maschinen hat?

In anderen Dingen glich er allen kleinen Kindern. Die Schreibmaschine faszinierte ihn hauptsächlich als etwas, das man in Bewegung versetzen konnte. Er bewegte sich – sie bewegte sich. Wie andere kleine Kinder schaute er jedesmal ganz gespannt aus, wenn er auf eine Taste tippte. Nur gelegentlich beachtete er das Papier, um zu sehen, welche Zeichen er gemacht hatte. Wenn er schon danach schaute, so interessierte ihn eigentlich nicht, welches Zeichen er gerade als letztes gemacht hatte und noch weniger lag ihm an einem Vergleich dieses Zeichens mit dem Buchstaben auf der Taste. Vielleicht wäre er im Laufe der Zeit noch dahingekommen, aber wir erreichten diesen Punkt nicht.

Andererseits interessierten ihn, wie andere Kinder, die Beziehungen wenigstens einiger Buchstaben, die er tippte. Schon bald fragte er mich, wo O war. Ich zeigte es ihm. Ich nannte ihm auch einige andere Buchstaben, obwohl nicht alle und nicht jedesmal, wenn er sie tippte. Nach einer Weile fragte er mich, wo E und A seien. Kannte er sie schon, bevor ich sie erwähnte? Ich weiß es nicht. Ich zeigte sie ihm, und nach kurzer Zeit konnte er alle drei Buchstaben auf der Tastatur selbst auffinden. Er sagte: »Wo ist O?« Ich sagte: »Wo meinst du?« Er zeigte es mir.

Dieses Spiel machte Spaß. Aber es machte ihm nicht soviel Spaß, wie wir Erwachsene gerne meinen, und er erfand bald eine Abwandlung. Er fragte, wo O oder A oder E seien; ich zeigte sie ihm und er widersprach: »Das ist nicht O (oder A oder E). In seiner Stimme klang ein wenig Verbitterung mit. Dann deutete er auf einen anderen Buchstaben – er hatte ja schon *bewiesen,* daß er wußte, wo O war – und sagte, *dieser* sei O. Ich erwiderte: »Nein, das ist *V.«* (oder was immer es war). Er bestand nicht darauf, aber er tat dies mehrere Male. Ich wußte nicht recht, was ich damit anfangen sollte. Indem ich an Lisas Verhalten in seinem Alter zurückdachte, kam ich zu dem Schluß, daß dies seine Antwort auf eine Situation war, in der ich alle Macht besaß und *alles* Wissen. Auf diese Weise bestätigte er sich selbst und sein Recht, einige der Regeln zu machen. Ich glaube, er hatte es nicht gern, daß O unbedingt dort sein mußte, wo ich es hinsetzte. Wenn er sich auch dessen nicht in so klaren Worten bewußt war, so dachte er doch ungefähr, daß, wenn ich Buchstaben benennen konnte, warum er nicht auch? Warum sollte er nicht das gleiche Recht haben zu sagen, welches O sei?

Er bestand darauf, daß ich ihn das Papier in die Maschine einlegen ließ. Darin wich er wieder von den anderen Kindern, die ich kannte, ab. Es war ein kniffliges Unterfangen. Wenn man das Papier nicht so weit hineinbringt, daß die Rollen es erfassen, geschieht gar nichts, wenn man an der Walze dreht. In diese Verlegenheit geriet er oft. Jedesmal, wenn er eine Zeitlang gedreht hatte, ohne daß das Papier erfaßt wurde, ließ er es mich soweit hinunterstoßen, daß die Rollen es ergriffen. Aber zuerst wollte er es selbst probieren. Die nächste Schwierigkeit war die, daß das Papier schief hineingeriet. Gewöhnlich ließ er es zu, daß ich es ihm ein wenig gerade richtete. Dann erschien das Papier vor den Typen und verfing sich an der Querstange, die es gegen die Walze halten soll. Die ersten paar Male, als dies passierte, hob ich die Stange auf und schob das Papier darunter; später tat er es selbst.

Einmal bat er mich, die »Musik« sehen zu dürfen. Er meinte damit den Elektromotor, den man im Innern brummen hörte. Ich fragte ihn: »Muß ich ihn wirklich ganz aus dem Gehäuse herausnehmen?« Da er darauf bestand, tat ich ihm den Gefallen. Er besah sich den Motor und betastete ihn. Am liebsten hätte er ihn für immer außen behalten. Ich erinnere mich nicht, je ein Kind nach dem Motor fragen gehört zu haben – aber er kommt aus einer mechanisch sehr begabten und interessierten Familie.

Wir begannen, uns erst gegen Ende meines Besuches mit der Schreibmaschine zu beschäftigen. In der kurzen Zeit, die uns zur Verfügung stand, zeigte er wenig oder kein Verlangen, andere Buchstaben als *O, A* und *E* kennenzulernen. Dann und wann fragte er, wie andere Buchstaben hießen, aber nicht oft, und er schien sie sich auch nicht zu merken. Was ihn an der Maschine zu interessieren schien, war nur die Bedienung. Sobald er glaubte, sie zu beherrschen, gab es nichts Besonderes mehr an ihr zu lernen. Vielleicht hätte er sich im Laufe der Zeit noch dafür interessiert, was man mit der Maschine anfing.

Was Tommy wirklich Spaß machte, war das elektrische Klavier. Es begann damit, daß er seiner älteren Schwester beim Spielen zusah. Sie spielt oft darauf, weil sie die Musik liebt. Er wollte darauf spielen; weil sie es tat, wie er sich immer an allem beteiligen will, was er sie tun sieht. Er erreichte kaum die Pedale des Klaviers und er mußte sich ungeheuer anstrengen, um sie niederzudrücken. Um sich auf dem Klavierhocker aufrecht zu halten, mußte er sich mit beiden Händen an das Klavier anklammern. Aber dann wollte wieder der Hocker, der auf Parkettboden stand, wegrutschen. Nach einer Weile war er außer Reichweite des Klaviers geglitten. Dann mußte er vom Hocker heruntersteigen, ihn zurückstellen, wieder aufsitzen, und das Spiel begann von neuem. Einmal, als ich ihm dabei zusah, sagte ich: »Laß mal, ich halte den Hocker fest.« So war es eine feine Sache, aber ich hatte eine Dauerbeschäftigung. Von nun an ertönte jedesmal, wenn er spielen wollte, seine alles durchdringende Stimme: »John! John!« Wenn ich gerade mit etwas anderem beschäftigt war, was ich nicht unterbrechen wollte, tat ich so, als sei ich nicht da, aber das half nie sehr lange. Am Ende fand er mich doch und verlangte: »Helfen bitte!« Es war unmöglich, dem zu widerstehen. Ich fragte, wohl wissend, was er wollte: »Was soll ich für dich tun?« Er sagte: »Halt den Stuhl fest!« Und wir fingen an.

Auch das Klavier interessierte ihn hauptsächlich als Maschine, als etwas, was man in Bewegung versetzen kann. Als er anfing, mit ihm zu spielen, befürchteten wir, er könnte die Klavierrolle beim Einlegen zerreißen. So hielten wir ihn dazu an, sie sich von einem der Älteren einlegen zu lassen. Zuerst hatte er nichts dagegen; es gab viele andere Dinge im und am Klavier, mit denen man sich beschäftigen konnte. Aber nach einiger Zeit fand er heraus, daß er nicht spielen konnte, ohne daß er zuerst irgend jemand aufstöberte, der für ihn die Rolle einlegte. Das war ihm natürlich lästig. Außerdem sah er, wie andere die Rolle einlegten. Warum konnte er es nicht selbst tun?

Wenn im Hause Tommys irgendeine Maschine ausfällt, findet sich immer ein Mitglied der Familie, das sie sofort auseinandernimmt und repariert. Sein Vater war schon immer ein geschickter Mechaniker; so wuchs in dem Jungen immer mehr die Überzeugung, daß jeder Maschinen reparieren könnte. Sie nahmen zur Übung Fahrräder oder Autos oder irgendwelche andere Dinge auseinander und setzten sie wieder zusammen. Daher erwartete der kleine Junge schon immer, wenn etwas kaputtging, daß jemand es wieder in Ordnung bringt. Sein erster Impuls, wenn er eine neue Maschine sieht, wie zum Beispiel das elektrische Klavier, ist stets, sich die Eingeweide der Maschine anzusehen und herauszufinden, wie alles funktioniert.

Nach kurzer Zeit lernte er, die Rolle ins Klavier einzulegen und all die verschiedenen Hebel zu bedienen.

Es gibt einen Hebel, mit dem man die seitliche Lage der Rollen fixieren kann und einen anderen, der die Geschwindigkeit regelt. Er bediente beide, aber ich weiß nicht, ob er deren Wirkungen erkannte und bemessen konnte. Ein anderer Hebel kehrte die Rolle zum Rückspulen um. Noch ein anderer, unter der Tastatur, war dazu bestimmt, einen mehr oder weniger klimpernden Klang einzustellen. Er fand all diese Hebel und bediente sie alle. Das Klavier spielen zu lassen bedeutete für ihn tatsächlich, jeden erreichbaren Hebel zu bedienen.

Nach einer Weile fragte er mich, wofür der Hebel für die Seiteneinstellung da sei. Ich zeigte ihm die Löcher im Papier und wie sie über einen gedornten Messingstab glitten, der wiederum das Klavier spielen ließ. Verstand er alles, was ich sagte? Ich weiß es nicht, und es kommt mir auch nicht darauf an. Von nun an wurde es ein Teil seiner Klavier-Routine, auf den Hocker zu klettern, einige Löcher in der Rolle zu inspizieren und zu sagen: »Löcher in Ordnung«, um dann wieder herunterzuklettern und im Spielen fortzufahren. Ich vermute, daß ich einmal sagte, die Löcher seien in Ordnung, um ihn davon abzuhalten, sie genauer zu untersuchen; wenn ich schon den Hocker für ihn halten sollte, während er spielte, so wollte ich, daß er spielte und nicht inspizierte. Aber es funktionierte nicht so. Er erinnerte sich meiner Bemerkung und machte die Löcherinspektion zu einem regulären Teil seines Klavierspiels.

Es läßt mich daran denken, wieviel Kinder gelernt haben mußten, als sie Leuten noch bei handwerklichen Tätigkeiten zusehen konnten. Dies einzurichten, ist heutzutage gar nicht einfach. So viel von dem, was man heute in unserer

Gesellschaft »Arbeit« nennt, wird ein kleines
Kind kaum verstehen und nachvollziehen kön-
nen; so viel von dem, was übrigblieb, wird von
Maschinen erledigt. Aber es gibt noch immer
alle Arten von Handwerkern. Wie gut wäre es,
wenn man Wege finden könnte, die es ermög-
lichten, daß viele Kinder ihnen bei der Arbeit
zusehen und ihnen Fragen dazu stellen könnten.

Zurück zum elektrischen Klavier. Einige der Hebel, die
ich erwähnte, befinden sich unter einem kleinen
Holzdeckel an der Seite der Tastatur. Einmal, als er zu
spielen anfing, schloß ich diesen Deckel wieder mit dem
Gedanken, ihn davon abzuhalten, zuviel mit den Hebeln
und Knöpfen herumzufummeln. Ich sagte: »Laß uns das
aus dem Weg räumen.« Auch dies wurde ein regulärer Teil
seiner Routine. So oft er spielte, vergaß er nie den Deckel
zu schließen und zu sagen »Aus dem Weg räumen«. So
lernen Kinder, daß bestimmte Sätze mit bestimmten Tätigkeiten einhergehen, zu bestimmten Situationen passen.
Ist dies ein nachahmender Gebrauch der Sprache? In einem gewissen Maße, ja. Aber er ist auch dann nicht blind
oder richtungslos. Eine wirkliche Verknüpfung wurde
gefunden und sie wird gebraucht. Außerdem verbindet
das Kind bald den Satz »Räum das aus dem Weg« mit dem
Akt des Wegräumens und weiß, daß das eine das andere
bedeutet. Die Frage wäre, wann Tommy den gleichen Satz
in einem Zusammenhang gebrauchen kann? Vielleicht
muß er ihn zuerst in einem anderen Zusammenhang gehört haben, bevor er versteht, daß er nicht nur in einer Situation paßt, sondern in vielen.
Etwas anderes, was er zu tun lernte, war, die Pedale
zurückzulegen und die Türen zu schließen und damit

das Klavier in ein gewöhnliches Klavier zu verwandeln. Er spielte auch gern mit den Schiebetüren, die den Rollenmechanismus abdeckten. Einmal, als er gerade sah, wie sich die Klaviertasten beim Bedienen der Pedale auf- und abbewegten, hatte er die Idee, eine der Tasten festzuhalten, um zu sehen, was geschehen würde oder, vielleicht, um herauszufinden, wie stark die Kraft war, die sie bewegte. Da ich befürchtete, er könnte etwas beschädigen, verhinderte ich diese Kraftprobe.

Er dreht auch gern an der Kurbel, die den Grillrost des Holzkohlengrills draußen hebt und senkt. Hin und wieder senkte er ihn ganz und löste, da er immer noch weiter drehte, die Kurbel aus dem Schraubgewinde heraus. Wenn das passierte, versuchte er die Kurbel wieder zurückzuschrauben. Er kann manchmal Schrauben in ihr Gewinde hineindrehen, aber diese hier war zu kompliziert für ihn. Gewöhnlich ließ er dann die Kurbel auf dem Boden liegen oder trug sie eine Weile mit sich herum, bevor er sie liegen ließ. Wir lernten, sie auch an ungewohnten Stellen wiederzuerkennen und zum Grill zurückzutragen. Wir ließen dem Spiel seinen Gang, weil es ein gutes und wertvolles Spiel ist. Eine Kurbel in einer Richtung zu drehen und sehen, daß sich etwas hinaufbewegt, dann in der anderen Richtung und das Ding herunterkommen sehen, ist ein interessantes und wichtiges Experiment.

Er lernt dabei nicht nur, wie diese spezielle Kurbel funktioniert, sondern auch, daß viele Tätigkeiten regelmäßige und vorhersagbare Wirkungen nach sich ziehen und daß die Welt in vieler Hinsicht ein vernünftiger und vertrauenswürdiger Ort ist.

Ein Jahr später schrieb mir seine Mutter, unter anderem:

... dem Jungen entgeht nichts, er ist so einfallsreich und flink und er haßt es, *belehrt* zu werden. Er lernt gerne und behält alle möglichen Dinge, um sie später irgendwann anzuwenden. Er geht mit seinen Werkzeugen (Schraubenzieher, Hammer, Spaten und Rechen, Säge usw.) mit großem Geschick und Sorgfalt um. Er arbeitet gerne *mit* uns – er pflanzt und gießt für mich – trimmt das Gras – siebt Sand für Mörtel, etc. –, er ist immer beschäftigt und neugierig. Aber wenn wir (wie zum Beispiel jetzt) versuchen, ihm etwas *beizubringen* wie ABCDEFG, das ohne Sinn und Nützlichkeit zu sein scheint, kann er es nicht mehr aushalten – er wird richtig zornig und verzweifelt –, dann bricht er fast in Tränen aus. Wie wird er in diesem Herbst auf die Schule reagieren?

Lisa ist eine überernste Schülerin – ihr Zeugnis ist voller Einsen und sie macht sich wirklich *Sorgen* über ihre Noten. Sie *verabscheut* es, keine Schularbeiten zu machen und doch hegt sie eine tiefe Abneigung gegen die Schule ...

Neulich brachte ich ein altes Armee-Signalhorn zur Schule, das ich für acht Dollar gebraucht kaufte. Als die Erstklässler und Kinderschüler in die Pause hinausgingen, nahm ich das Signalhorn heraus. Ich blies darauf und machte ein oder zwei *blökende* Geräusche (ich weiß nicht, wie man darauf bläst), und schon drängten sich ungefähr zwanzig Kinder um mich, die lärmend danach verlangten, blasen zu dürfen. Ich ließ sie sich der Reihe nach aufstellen, und es ging los. Nicht wenige wußten, weil sie mich beobachtet hatten, was man mit den Lippen tun muß. Andere nahmen das ganze Mundstück in den Mund wie einen Lutscher, bevor sie herausfanden, daß es so nicht ging. Dann versuchten sie es richtig. Einigen mußte ich zeigen, wie man die Lippen verzieht und durch sie hindurch bläst. Neun von zehn Kindern gelang es, einen guten Ton, das heißt einen starken Ton aus dem Horn zu locken. Einige brachten es so weit wie ich. Sie hatten einen ungeheuren Spaß und Vergnügen daran – besonders Martin. Ich konnte ihn kaum noch davon trennen.

Und einige wenige, traurige kleine Kinder kamen her, machten einen schwachen Blaff durch das Instrument und gaben es mit resignierendem Ausdruck zurück. Warum gaben diese wenigen so leicht auf?

Nach etwa vier solcher Tage kam eine der Lehrerinnen zu mir – nach ihrer Kaffeepause – und bat, mit dem Hornblasen aufzuhören; es machte sie zu nervös. So war das Ende gekommen. Aber es war interessant zu sehen, wie energisch und zuversichtlich die meisten dieser kleinen Kinder das Problem angingen, aus einem schwierigen Instrument einen Ton herauszukriegen.

An Tagen, an denen ich Unterricht habe, bringe ich mein Cello zur Schule, gehe mit ihm in ein Klassenzimmer und lasse die Kinder darauf »spielen«. Abgesehen von den schüchternen, die nur ein paar halbherzige Striche mit dem Bogen machen und dann weggehen, attackieren fast alle kleinen Kinder das Cello auf die gleiche Art. Sie tun gleich drei Dinge auf einmal. Sie setzen die Maschine in Bewegung. Sie freuen sich über die Gelegenheit, Töne erzeugen zu können. Und sie machen wissenschaftliche Experimente. Sie beginnen damit, den Bogen heftig über den Saiten hin- und herzubewegen. Dabei bleiben sie ziemlich lange. Das neue Gefühl und die Töne sind einfach aufregend. Dann fangen sie an, das Bogenstreichen ein wenig zu variieren, verschiedene Rhythmen zu probieren. Nach einer Weile bewegen sie den Bogen so, daß er mehr als eine Saite berührt, oder sie gehen zu einer anderen Saite über. Wichtig erscheint mir dabei zu bemerken, daß sie dies die ersten paar Male nicht im Sinn eines Experiments tun, um herauszufinden, was passiert. Sie tun es einfach um der Abwechslung willen. Bisher hatten sie den Bogen immer auf eine Art gehandhabt und dabei eine Art von Geräusch gemacht; nun wollen sie den Bogen anders streichen und ein anderes Geräusch machen. Es scheint eine Weile zu dauern, bis sie daraufkommen, daß es einen Zusammenhang zwischen der Art des Bogenstreichens und dem Geräusch gibt. Von da an ändern sie ihr Vorgehen.

Jetzt gehen sie viel absichtlicher, aufmerksamer, überlegter von einer Saite zur anderen über. Fast kann man sie denken hören: »Aha, diese Saite klingt so, und jene klingt so.« Aber sie müssen lange scheinbar willkürlich herumgeigen – eine Tätigkeit um ihrer selbst willen –, bis sie anfangen, darüber nachzudenken, was sie tun. Sie müssen eine Menge grober Sinneseindrücke in sich aufnehmen, bevor sie versuchen, sie einzuordnen und bevor sie sich einen Vers draus machen können.

Nach vielem Bogenstreichen fangen sie an, darüber nachzudenken, wie man die Finger der linken Hand gebrauchen muß, um die Saiten auf dem Griffbrett niederzudrücken. Sie haben dabei aus zwei Gründen nicht viel Erfolg. Erstens sind ihre Finger nicht kräftig genug, um die Saiten fest genug niederzuhalten. Noch wichtiger aber: sie machen am Anfang nicht die geringste Anstrengung, um sich zu versichern, daß sie die gleiche Saite niederdrücken, die sie streichen. Während der Bogen wild über alle Saiten tanzt, geht die linke Hand auf den Saiten auf und ab, sie hier und da niederdrückend, aber die beiden Bewegungen sind nicht aufeinander bezogen. Ich sage nichts dazu. Nach einer Weile bemerkt das Kind etwas. Was? Vielleicht bemerkt seine linke Hand, sozusagen, daß sie zeitweise eine vibrierende Saite niederhält und eine ruhende während der übrigen Zeit. Vielleicht wird das Kind der Tatsache gewahr, daß seine linke Hand den Klang während eines Teils der Zeit beeinflußt und während eines anderen Teils nicht. Wie dem auch sei, nach einer Weile macht es eine absichtliche Anstrengung, die gleiche Saite niederzuhalten, die es streicht, wobei es von einer Hand zur anderen schaut. Dies ist schwieriger, als es aussieht, besonders für ein kleines Kind, das das Cello in einer sehr ungeschickten Stellung hält. Wenn es das hinkriegt, streicht es weiter drauf los, hier und da die gestrichene Saite niederdrückend. Wieder erscheint es eine Weile sehr willkürlich und richtungslos, bis es eine neue Reihe von Experimenten anstellt, diesmal, um zu sehen, was passiert, wenn es seine Hand auf der Saite auf- und abbewegt.

Es dauert nicht sehr lange, bis ein Kind in solchen Schritten den Grundgedanken des Cellos erfaßt, die Beziehung zwischen dem Bogen, der Saite und der linken Hand. Aber während es dies herausbuchstabierte, war es ohne Unterbrechung bei der Sache. Man könnte sagen, daß es zuviel Spaß – ein schwaches Wort tatsächlich – beim Cellospielen hatte, um sich die Zeit nehmen zu wollen herauszufinden, wie man spielt. Ein Wissenschaftler würde vielleicht sagen, daß das Kind, zusammen mit den nützlichen Informationen, eine Unmenge zufälliger, nutzloser Daten gesammelt hat. Ein ausgebildeter Wissenschaftler versucht immer, alle nicht relevanten Daten aus seinem Experiment zu entfernen. Er stellt an die Natur eine Frage und er möchte das Geräusch, die Störungen und zufälligen Ereignisse auf ein Minimum reduzieren, um die Antwort besser hören zu können. Aber ein Kind geht anders vor. Es ist daran gewöhnt, seine Antworten *aus* dem »Rauschen« zu erhalten. Immerhin wuchs es in einer fremden Welt auf, in der alles Geräusch ist und in der es nur einen winzigen Teil seiner Erfahrungen verstehen und ihren Sinn erkennen kann.

Seine Art, das Cello-Problem anzupacken besteht darin, ein Maximum an Ergebnissen zu produzieren, so vieles wie möglich zu tun, das heißt, seine Hände und den Bogen auf so viele Arten wie möglich zu gebrauchen. Während es das tut, bemerkt es dann auf einmal Regelmäßigkeiten und Schemata. Es fängt an, Fragen zu stellen, das heißt planvolle Versuche zu unternehmen. Aber das wesentliche daran ist, daß es keine Ahnung hat, welche Fragen es stellen will oder kann, solange es nicht eine große Menge an Ergebnissen zur Verfügung hat.

In einem gewissen Sinne könnte man sagen, daß das Kind als Wissenschaftler nicht so wirkungsvoll nachdenkt, wie der erwachsene Wissenschaftler. Es kann überflüssige und nutzlose Informationen nicht so gut ausklammern, ein Problem nicht so gut vereinfachen, sich nicht so gut die Fragen ausdenken, deren Beantwortung ihm am meisten Informationen gibt. In diesem Sinne würde ein gebildeter, denkender Erwachsener, der ein Cello zum ersten Mal sähe, in wenigen Sekunden das tun, wozu ein Kind viel länger braucht – jede einzelne Saite streichen, um zu sehen, welchen Klang sie hat, und dann zu sehen, welche Wirkung es auf den Klang dieser Saite hat, wenn man sie mit der linken Hand niederdrückt. Das heißt, wenn – und es ist ein sehr großes Wenn – er es überhaupt über sich bringt, ein Cello anzurühren.

Das kleine Kind ist in solchen Lebenssituationen, und es gibt deren viele, im Vorteil, in denen es so viele scheinbar sinnlose Daten gibt, daß es unmöglich wird zu sagen, welche Fragen man stellen soll. Es kann diese Art von Daten viel besser aufnehmen; es erträgt ihre Ungeordnetheit besser; und schließlich ist es besser darin, die Gesetzlichkeiten herauszufinden, wie jemand, der ein schwaches Signal aus starkem Rauschen heraushört. Vor allem neigt es viel weniger als Erwachsene dazu, schnelle und abrupte Entschlüsse auf wenigen Erfahrungen basierend zu fassen. Oder, nachdem es dies einmal tat, es abzulehnen, neue Erfahrungen in Betracht zu ziehen, die dagegen sprechen. Und dieses sind die so wesentlichen Denkfähigkeiten, die wir in unserer Eile, es zu unserer Denkweise zu »erziehen«, verkümmern lassen oder zerstören.

Wie Kinder sprechen lernen

*»Kinder lernen durch die Bereitschaft,
Fehler zu machen«*

In einem hiesigen Geschäft saß neulich ein kleiner Junge, etwa **ein Jahr alt**, in seinem Kinderwagen. Seine Mutter war im Laden beschäftigt, und seine Aufmerksamkeit war von anderen Sachen in Anspruch genommen, von seinem Wagen, mit dem er spielte, wobei er auf Dosen mit Obst und Säften schaute. Ich sah ihm zu. Plötzlich sagte er zu sich selbst »Da-da.« Nach ein paar Sekunden sagte er es wieder und dann noch einmal und so etwa zehn Mal. Versuchte er »Danke« zu sagen? Wahrscheinlicher ist, daß er durch Zufall auf diesen Laut gestoßen war und ihn immer wieder sagte, weil er den Klang und das Gefühl in seinem Mund gern hatte.

Vor einigen Monaten sah ich ein ganz anderes Einjähriges. Sie sagte gerne »Liedl-liedl-liedl-liedl-«. Es war ihr Lieblingslaut, und sie gab ihn die ganze Zeit zum besten; tatsächlich war es ungefähr alles, was sie sagte. Hin und wieder fügte sie ein emphatisches »a!« hinzu – »Liedl-liedl-liedl-a!« Ich fragte ihren Vater, wie sie auf diesen Laut gekommen sei. Imitierte sie einen Laut, den ihr jemand vorgemacht hatte? Nein; offensichtlich hatte sie gelernt, ihre Zunge vorzustrecken und sie schnell zurückzuziehen und liebte das Gefühl, das es verursachte. (Alle Babys lieben es, mit der Zunge zu spielen.) Eines Tages, als sie es wieder tat, machte sie mit ihrer Stimme einen Laut und war überrascht und erfreut zu hören, was die Bewegung ihrer Zunge mit dem Laut machte. Nach viel Übung fand sie heraus, daß sie den Laut machen konnte, ohne die Zunge aus dem Mund herauszustrecken. Es gab ein gutes Gefühl und klang gut, so blieb sie ein, zwei Monate dabei, bis sie zu etwas anderem überging. Wie ein Laut sich anfühlt, scheint so wichtig zu sein, wie der Laut selbst.

Vor einigen Jahren war ich in Frankreich und war überrascht, einen 18 Monate alten Jungen, während er vor sich hin babbelte, den Laut des französischen »u« machen zu hören. Vielleicht gab es keinen Grund, überrascht zu sein, denn jeder, der zu ihm sprach, sagte zu ihm »tu«. Aber ich hatte nie zuvor gehört, daß ein Baby diesen Laut machte und hatte schon viel Mühe gehabt, ihn auch nur von einigen wenigen meiner Französisch-Schüler machen zu lassen. Natürlich waren meine Schüler ängstlich und befangen, und dieses Baby war es nicht – ein himmelweiter Unterschied.

Warum fängt ein Baby überhaupt an, Laute von sich zu geben? Ist es ein Instinkt wie Schreien? Es scheint nicht so. Ein junger Hund, den man getrennt von anderen Hunden aufzog, kann bellen, wenn er alt genug ist. Aber in den wenigen Fällen, die bekannt wurden, in denen Kinder ohne menschlichen Kontakt aufwuchsen, blieben sie fast völlig stumm. Wie man hört, geben Kinder, die in Waisenhäusern mit zu wenig Personal aufwachsen und sehr selten ältere Menschen zu Gesicht bekommen, fast keinen Laut von sich, wenn man von Schreien und Weinen absieht. Offensichtlich kommen Babys dadurch auf die Idee des »Sprechens«, daß sie Menschen in ihrer Nähe sprechen hören. Ahmen sie die Laute, die sie um sich herum hören, nach, wenn sie ihre ersten Laute machen? Oder erfinden sie sie sozusagen aus freien Stücken? Vielleicht ist es so, daß sie zuallererst meistens etwas aus sich selbst hervorbringen und erst später nachahmen.

Es ist ein bemerkenswerter Vorgang. Wir sind so sehr ans Sprechen gewöhnt, daß wir vergessen, daß dazu ein sehr genaues und kompliziertes Zusammenspiel von Lippen, Zunge, Zähnen, Gaumen, Kiefern, Backen, Stimme und Atemluft gehört. Schon als Muskelübung ist es die schwierigste und komplizierteste, die die meisten von uns jemals erlernen, mindestens so schwierig wie die Fertigkeit, die erforderlich ist, um ernsthaft ein Musikinstrument zu spielen. Wie schwierig Sprechen ist, merken wir nur, wenn wir zum erstenmal versuchen, die Laute einer von unserer Muttersprache sehr verschiedenen Sprache nachzuahmen. Plötzlich bemerken wir, daß unser Mund und unsere Zunge nicht das tun wollen, was wir gerne hätten. Und doch erlernt jedes Kind die Laute seiner eigenen Sprache. Lebt es in einer Umgebung, in der mehr als eine Sprache gesprochen wird, erlernt es die Laute von allen von ihnen. Wie tut es das? Am Anfang beherrscht es seine Muskeln sehr wenig, kann sie nicht koordinieren; wie bringt es fertig, was noch vielen Erwachsenen Schwierigkeiten bereitet?

Die Antwort darauf scheint zu sein: durch geduldiges und ausdauerndes Probieren; in Tausenden von Versuchen, Laute, Silben und Wörter zu sprechen; durch Vergleich der eigenen Laute mit denen der Menschen in seiner Umgebung und durch allmähliche Annäherung der eigenen Laute an die der anderen; überhaupt durch die Bereitschaft, Fehler zu machen, obwohl man sein Bestes versucht, um sie zu vermeiden.

Ein Kollege sagte einmal zu mir: »Wenn wir versuchen würden, Kinder das Sprechen zu lehren, würden sie es nie lernen.« Ich dachte zuerst, er scherzte. Aber jetzt ist mir klargeworden, daß es eine sehr wichtige Wahrheit war.

Nehmen wir einmal an, wir hätten beschlossen, daß man Kinder das Sprechen »lehren« muß. Wie würden wir es anfangen? Zuerst würde ein Sachverständigenausschuß gegründet werden, der die Sprache analysierte und sie dann in eine Anzahl getrennter »Sprechfertigkeiten« zerlegte. Wir würden wahrscheinlich sagen, da sich die Sprache aus Lauten zusammensetzt, müßte ein Kind zuerst gelehrt werden, alle Laute seiner Sprache zu formen, bevor man zum Lehren der Sprache selbst übergehen könne. Ohne Zweifel würden wir eine Liste dieser Laute aufstellen, die leichtesten und häufigsten an erster Stelle, dann die schwierigeren und selteneren. Dann würden wir Kindern diese Laute beibringen; immer der Liste entlang. Vielleicht würden wir, um das Kind nicht zu »verwirren«, – »verwirren« ist ein böses Wort für viele Erzieher – es möglichst wenig die »normale« Sprache hören lassen, sondern es nur den Lauten aussetzen, die wir ihm beibringen wollten. Zu unserer Liste der Laute würde sich eine Silben- und eine Wortliste gesellen.

Sobald das Kind die Laute unserer Liste gelernt hätte, würden wir damit anfangen, es im Zusammensetzen der Laute zu Silben zu unterweisen. Wenn es alle Silben der Silbenliste beherrschte, würden wir mit den Worten der Wortliste anfangen. Gleichzeitig würden wir ihm die Grammatikregeln beibringen, mit deren Hilfe es die soeben gelernten Worte zu Sätzen zusammenfügen könnte.

Alles wäre geplant, ohne daß irgend etwas dem Zufall ausgesetzt wäre; es würde jede Menge Drill, Wiederholungen und Tests geben, um sicherzugehen, daß es nichts vergessen hatte.

Nehmen wir an, wir hätten dies versucht; was würde geschehen? Was geschehen würde, ist ganz einfach: Bevor sie sehr weit kämen, würden die meisten Kinder verstört, entmutigt, erniedrigt und eingeschüchtert sein. Sie würden bis dahin den Versuch aufgegeben haben, das zu tun, was wir von ihnen verlangen. Wenn sie außerhalb unserer Klassen das normale Leben eines Kindes leben würden, würden wahrscheinlich viele von ihnen unser »Lehren« ignorieren und auf eigene Faust sprechen lernen. Wenn nicht, weil unsere Kontrolle über ihr Leben vollkommen wäre (wovon viele Erzieher träumen), würden sie in absichtliches Versagen und Schweigen flüchten, wie es schon so viele tun, wenn es um das Lesen geht.

Letztes Jahr beobachtete ich eine junge Mutter mit ihrem Baby in einem Supermarkt. Sie waren gerade bei der Fleischauslage, und die Mutter begann, sich mit ihrem Kind auf die allerlebendigste und natürlichste Art darüber zu unterhalten, welches Stück Fleisch sie zum Abendessen nehmen sollten. Dieses Stück sah gut aus, aber es war zu teuer – schrecklich, wie alles immer teurer wird. Ein anderes Stück war auch gut, aber es würde zu lange dauern, es zuzubereiten; sie hatten noch viele Besorgungen zu erledigen und würden nicht vor vier Uhr nach Hause kommen. Das Hackfleisch sah gut aus, aber man hatte gerade vor zwei Tagen Frikadellen gehabt. Und so weiter. In ihrer Stimme war nichts Gezwungenes oder Affektiertes; sie hätte genauso mit jemandem ihres Alters sprechen können.

Vor etwa einem Jahr kam ich mit einigen Freunden zufällig bei Bekannten vorbei, die ein sechs Monate altes Baby, ein Mädchen, hatten. Da es ausgeruht und bei guter Laune war, brachten sie es herein, um ihm den Besuch zu zeigen. Wir bewunderten es alle und gingen dann wieder zu unserem Gespräch über. Unser Gespräch faszinierte sie. Nach jedem, der gerade sprach, drehte sie sich um und sah ihn mit Bestimmtheit an. Von Zeit zu Zeit beschäftigte sie sich mit einem Spielzeug auf ihrem Schoß, dann, nach ein paar Minuten begann sie wieder zu beobachten und zuzuhören.

Sie schien zu begreifen, daß Leute nicht nur sprechen, sondern, daß sie zueinander sprechen und die Rede des anderen mit Lächeln, Gelächter und mit neuen Worten erwidern, kurz, daß Rede nicht bloß eine Art Geräusch ist, sondern Mitteilung, Kommunikation. Babys und kleine Kinder hören gerne der Unterhaltung Erwachsener zu und sind oft bereit, lange Zeit still zu sitzen, einfach um zuzuhören. Eine Möglichkeit, kleinen Kindern zu helfen, wenn sie gerade lernen zu sprechen, ist, zu ihnen zu sprechen – vorausgesetzt, wir tun es auf natürliche und unaffektierte Weise –, und sie dabeisein zu lassen, wenn wir mit anderen sprechen.

Die ersten paar Monate ihres Lebens wuchs Lisa auf einer Farm auf. Als sie ungefähr **18 Monate alt** war, zeigte sie auf einige Tiere und sagte »Da Kühe, da Kühe.« Wir freuten uns sehr darüber, denn dies waren die ersten richtigen Worte, die wir von ihr hörten. Wir bejahten es, ja, dort draußen seien Kühe und sagten dann einige andere Dinge über Kühe. Aber einige Tage später, als sie an einer Weide mit Pferden vorbeiging, sagte sie wieder »Da Kühe, da Kühe.« Später, als sie an Schafen vorbeiging, sagte sie das gleiche. Das verwirrte mich. Sicher glaubte sie nicht, es sei jedesmal das gleiche Tier gewesen. Doch wenn sie wußte, daß Pferde und Schafe sich von Kühen unterschieden, warum nannte sie sie alle Kühe? Oder wenn sie dachte, alle Tiere hießen »Kühe«, warum nannte sie Haushund und -katze nicht auch »Kühe«? Offensichtlich hatte sie aus den vielen Dingen, die sie sah, hörte und befühlte, eine Gruppe oder Klasse abgetrennt, die wir »große Tiere auf den Feldern« nennen könnten. Dieser Klasse gab sie den Namen »Kühe«. Wir verbesserten sie nicht, sondern fuhren fort, über Kühe, Pferde und Schafe in normalem Ton zu sprechen. Nach kurzer Zeit teilte sie ihre Klasse von Tieren im Feld in Untergruppen und benannte jedes einzelne mit dem richtigen Namen. Ungefähr zu diesem Zeitpunkt, gab man ihr ein ausgestopftes Spielpferd. Kurz darauf war ich mit ihr in einem Laden, der voll war von ausgestopften Spielzeugtieren. Zu meiner Überraschung nannte sie sie alle »Pferd«. Aber es war mir bald klar, daß sie in Gedanken eine neue Klasse von Dingen erfunden hatte, in diesem Falle Spieltiere, der sie den Namen gab, mit dem die Leute ihr eigenes Spielzeug belegten, nämlich »Pferd«. Nicht lange darauf fand sie, einfach indem sie anderen Leuten beim Sprechen zuhörte, heraus, daß auch diese Klasse sich aus Unterklassen zusammensetzte, von denen jede ihren eigenen Namen hatte – Hunde, Katzen, Teddybären und so weiter. Sie beherrschte alle diese Namen nach kurzer Zeit.

Ein anderes Kind, das auch auf dem Hof aufwuchs, interessierte sich sehr für den Traktor – ein großes, rotes und lautes Ding. Eins der ersten Worte, die er sagte, war »Tracker«. Wir fanden bald heraus, daß er es auf eine ganze Klasse von Dingen anwandte – wir würden sie »große, fahrende Maschinen« nennen. Personenwagen, Omnibusse, Lastwagen, Bagger, Zugmaschinen, Planierraupen, Kräne – alle waren »Tracker«. Auch er fand nach kurzer Zeit durch Zuhören heraus, daß diese Klasse in Untergruppen aufgeteilt war, die alle ihren eigenen Namen hatten. Mit der Zeit lernte er, wie fast alle kleinen Jungen, die Bezeichnungen aller Maschinen seiner Umgebung kennen.

Dieses Kunststück, Dinge zu benennen, ist bemerkenswerter, als es zunächst den Anschein hat. Zur Zeit, als ich anfing, in der fünften Klasse meines Kollegen Bill Hull zu unterrichten, spielte er gelegentlich mit seinen Schülern das »Kategorienspiel«. Er gab seinen Schülern ein Wort, zum Beispiel »Bohne«. Ihre Aufgabe war es dann herauszufinden, in welche Kategorien »Bohne« passen würde. Sie konnten sagen, es sei ein Ding, eine Pflanze, etwas Lebendiges, ein Nahrungsmittel, eine Gemüseart, Grünzeug, etwas zum Kochen und so weiter. Die meisten der Kinder bemerkten im Lauf der Zeit, daß jedes Ding wie eine Bohne als Element einer ganzen Anzahl von Klassen von Dingen gesehen werden konnte. Wenn wir von einer Bohne sprechen, so haben wir eine oder einige jener Klassen im Auge, in denen sie als Element enthalten ist. Sprechen wir als Gärtner, so denken wir vielleicht an den Trieb, der etwas braucht, an dem er sich hochranken kann. Sprechen wir als Koch, so denken wir an die Zubereitung von Bohnen und wie lange sie kochen müssen und so weiter. So meinen wir immer, wenn wir ein Ding benennen, eine ganze Klasse von Dingen, die ihm, wenigstens in gewisser Hinsicht, ähnlich sind, und allen geben wir denselben Namen. Genauso machte es Lisa, als sie allen großen Tieren, die sie auf dem Felde sah, denselben Namen gab.

Aber Babys, die sich zum erstenmal in der Welt umschauen, sehen sie ganz anders. Eine Zeitlang sehen sie nur eine Menge sich bewegender Gestalten und Farben wie ein einziges, sich andauernd änderndes Bild. Das Museum of Modern Art in New York besitzt ein dynamisches Bild, das dadurch erzeugt wird, daß rotierende, gewölbte Spiegel farbige Lichter auf einen Schirm werfen und ständig wechselnde Muster erzeugen. Manche Leute stört dies; sie suchen immer nach einem bestimmten System oder einer Regelmäßigkeit in dem Muster und können nichts finden. So ähnlich muß die Welt für ein Baby aussehen. Was ein Baby vor sich sieht, setzt sich nicht wie bei uns aus vielen einzelnen Elementen zusammen, von denen wir uns jedes für sich vorstellen und bezeichnen können, und die wir in Gedanken auch auf andere Art zusammensetzen können. Wenn wir in einem Zimmer einen Stuhl stehen sehen, können wir uns den Stuhl ohne weiteres auch in einem anderen Teil des Raumes vorstellen, oder in einem anderen Raum, oder auch ganz für sich selbst. Aber für das Baby ist der Stuhl ein unablösbarer Teil des Raumes, den es sieht. Dies mag der Grund, oder einer der Gründe dafür sein, daß für ein Baby etwas, was wir ihm wegnehmen, einfach aufhört zu existieren. Und dies wiederum könnte einer der Gründe dafür sein, warum Versteckspiele kleinen Babys so viel Spaß bereiten und möglicherweise viel zu ihrem wachsenden Verständnis der Welt beitragen.

Ein umsichtiger Psychologe, Dr. Herman Witkin, beschrieb in einem Buch über psychologisches Unterscheidungsvermögen die Welt des kleinen Babys mit dem zutreffenden Wort »undifferenziert«. Sie kann nicht in Teile zerlegt werden. Aber wenn es älter wird, fängt es an, den Raum als eine Ansammlung getrennter Dinge zu sehen. Jedes Ding im Raum – Stuhl, Lampe, Tisch – hat sein eigenes Dasein. Wenn ein Baby diesen Schritt macht, sagt man, daß es sich eine Vorstellung oder ein geistiges Bild der Welt macht, die differenziert wird.

Bevor es damit anfangen kann, Dinge wie einen Stuhl zu benennen, muß das Baby noch einen weiteren geistigen Schritt vorwärts tun. Es muß nicht nur sehen, daß dieser Stuhl erstens für sich und von sich aus da ist – unabhängig vom Raum –, daß er auch woanders im Raum sein könnte oder in einem anderen Raum, sondern es muß auch sehen, daß dieser Stuhl einigen anderen Dingen in diesem Raum und in anderen Räumen ähnlich ist. Es muß sehen, daß dieser Stuhl eher wie *jener* Stuhl aussieht, als beide zusammen einer Lampe, einem Tisch oder einem Teppich ähnlich sehen. Wendell Johnson hat das in seinem Buch »People in Quandaries« gut getroffen, wenn er sagt, daß eine Ähnlichkeit eine Verschiedenheit sei, die keinen Unterschied macht. So muß das Baby sehen, daß zwei Stühle, trotz ihrer Verschiedenheiten, in wesentlicher Hinsicht das gleiche sind. Kurz gesagt, es sieht, daß der Stuhl zu einer Familie oder Klasse einander ähnlicher Dinge gehört. Erst dann ist es vorbereitet, ein solches Ding einen »Stuhl« zu nennen, oder zu verstehen, was andere Leute meinen, wenn sie es so nennen. Es muß die Klasse im Geiste gebildet haben, ehe es sie bezeichnen kann. Daher ist etwas bei seinem Namen zu nennen nicht einfach blindes Nachahmen; sondern ein schöpferischer Akt des Geistes.

Eines Tages schaute ich Danny (von dem schon früher die Rede war) beim Spielen zu. Er war damals noch sehr klein und hatte noch nicht wirklich mit dem Sprechen begonnen; es gab ungefähr ein halbes Dutzend »Worte«, die er sagen konnte. Zu dieser Zeit hatte er gerade ein besonderes Interesse an einem großen Wecker. Er betrachtete ihn, hörte auf sein Ticken und spielte gern mit seinen Knöpfen und Hebelchen. Sooft er die Uhr auf dem Kaminsims entdeckte, fing er an, ein eindringliches, einsilbiges Geräusch zu machen, das er solange machte, bis ihm jemand die Uhr gab. Es schien klar, daß er nicht nur einfach »Uhr« sagte, auch nicht in Babysprache. Was er sagte, war, »Ich will die Uhr haben, ich muß die Uhr haben, gebt mir die Uhr dort!«

Lange bevor ich Lehrer wurde, begegnete ich Jackie, einem etwa **zwei Jahre alten** Jungen, der in seiner Vorstellung eine Klasse von Gegenständen geschaffen hatte, die wir »trockene, krümelige Sachen zum Essen« nennen würden – Plätzchen, Kekse, trockenen Toast –, denen er den Namen »Zii« gab. Weder sein Vater noch seine Mutter wußten, wie er auf dieses Wort gekommen war. Sie versicherten mir, daß er den Namen nicht von ihnen hätte – sie nannten Kekse nie »Zii». Ganz offensichtlich hatte der Junge für sich allein beschlossen, dies sei eine gute Bezeichnung für diese Klasse von Dingen.

Als Tommy ungefähr zwei Jahre alt war, sah er seine ersten Pferde. Eins von Ihnen wurde Duke genannt, das andere Blueberry. Sie machten großen Eindruck auf ihn, und er setzte sich aus ihren Namen sein eigenes Wort für Pferde im allgemeinen zusammen – Dukeberries. Seine

Familie fand ihren Gefallen daran und gebrauchte das Wort oft – nicht immer – selbst.

Einige der ersten Worte Tommys waren nicht Bezeichnungen von Dingen, sondern andere Wortarten. Als er noch so klein war, daß man ihn noch ziemlich viel herumtragen mußte, ließ er gewöhnlich den ihn Tragenden wissen, wohin er wollte, indem er mit der Hand in der gewünschten Richtung wies und gebieterisch sagte »Dahin«! Wenn er das zu mir sagte, pflegte ich zu antworten: »Dahin«, um dann in meiner Sprache fortzufahren »Sollen wir dahin gehen?« Ein anderes seiner frühen Worte war »Unten«. Wenn er gerade getragen wurde, hieß »Unten«, »Laß mich herunter.« Wenn er nicht getragen wurde, hieß es »Heb' mich auf.« Als seine ältere Schwester noch sehr klein war, hatte sie ein Wort, »Tap-Tap«, erfunden, das genau das gleiche bedeutete.

Diese besonderen Worte, die Kinder erfinden und die keine Dinge benennen, erinnern mich an etwas, das ich einst las oder hörte. Es handelte sich um das Leben Victors, des Wolfsjungen, so genannt, weil er die ersten zehn Jahre seines Lebens, soviel man weiß, von jeglichen Menschenwesen getrennt aufwuchs. Als man ihn fand, gab man ihn einem französischen Arzt, der ihn erziehen und belehren sollte. Dieser brachte es fertig, ihn bis zu einem gewissen Grade zu zähmen, ihn Kleider tragen zu lassen und einfache Aufträge ausführen zu lassen. Er brachte ihn aber nie zum Sprechen, obwohl er sehr viel Geduld darauf verwandte. Einmal war der Arzt nahe dabei, einen »Durchbruch« zu erzielen, und vielleicht hätte er die Gelegenheit besser nützen können, hätte er die Anfänge des Sprechens so gut verstanden, wie wir heute glauben, es zu tun.

Er hatte bislang ohne Erfolg versucht, Victor Laute

für bestimmte Gegenstände machen zu lassen. Eines Tages war es Viktor zu heiß, und er war hungrig und hatte Durst. Auf dem Küchentisch stand eine Karaffe mit kalter Milch, außen ganz frostbeschlagen. Als Viktor sie erblickte, machte er einen einzelnen, eindringlichen Laut, den er dauernd wiederholte. Der Arzt nahm an, dieser Laut bedeutete »Milch«; jedenfalls ließ er ihn im folgenden als »Milch« gelten. Wahrscheinlicher aber ist, daß Viktor etwas Stärkeres und Komplizierteres damit meinte – das Gefühl von Hitze und Durst während er etwas erblickte, von dem er wußte, es würde wunderbar schmecken und das Verlangen danach. Hätte der Arzt jenen Laut für »hungrig und durstig« verwendet, hätte er vielleicht etwas erreichen können. So aber blieb alles beim Alten und der Wolfsjunge war nie imstande, die Grundidee und den Zweck der Sprache zu begreifen.

Eines Tages, als Tommy sehr klein war, beschloß er, es sei nötig, die Namen einer Unmenge von Dingen kennenzulernen. Er begann plötzlich, verschiedene Gegenstände im Raum ganz bestimmt anzusehen, wobei er für mich auf jeden einzelnen der Reihe nach deutete. Zuerst hatte ich keine Ahnung, was er wollte. Ich dachte, er wollte, daß ich ihm gab, auf was er gerade schaute, oder daß ich etwas damit tun sollte. Er gab mir aber zu verstehen, daß es dies nicht war, was er wollte. Eine Zeitlang blieb ich im unklaren. Dann, einer Eingebung folgend, versuchte ich es damit, ihm den Namen dessen, was er mir zeigte, zu sagen. Sein Ausdruck bewies mir sofort, daß ich richtig geraten hatte. Er begann, auf viele andere Gegenstände zu deuten. Hierbei dachte ich, es könnte hilfreich sein, ihm die Frage an die Hand zu geben, die er stellen konnte, wann immer er den Namen eines Dings wissen wollte (eine sehr nützliche Sache, wenn man eine fremde Sprache lernt). So sagte ich jedesmal, wenn er auf eine Vase zeigte »Wie heißt das? Das ist eine Vase.« Wenn ich es oft genug sagte, so meine Hoffnung, würde er lernen, es auch zu sagen. Für kurze Zeit tat er es auch, aber ich weiß nicht, wie lange es anhielt, oder wie lange sein Verlangen, die Namen von Dingen kennenzulernen, andauerte. Denn immerhin lernt jedes aufmerksame Kind in einer Familie, in der viel gesprochen wird, bald, wie die Dinge heißen, einfach dadurch, daß es zuhört, wenn von ihnen gesprochen wird.

Ich gab acht, daß ich ihm die Dinge nicht nannte, wie eine Lektion, die er zu behalten hatte. Auch stellte ich ihn nicht mit Fragen auf die Probe, wie »Was ist dies? Was ist jenes?« Diese Art des Abhörens bringt kaum etwas ein, sondern führt eher dazu, daß das Kind glaubt, ein Unrecht begangen zu haben, wenn es ein falsches Wort sagt. Ich sah freundliche, gutmeinende Eltern dies mit kleinen Kindern tun. Sie hofften, ihnen beim Lernen zu helfen. Fast jedes Mal nahm das Kind jenen gespannt-schlauen Ausdruck an, den wir in der Schule auf so vielen Kindergesichtern sehen, und begann auf die bekannte, alte Art dieses traurige Bluffen, Raten und Schauspielern, um Andeutungen hervorzulocken.

Selbst in dem seltenen Fall, daß ein Kind nicht so defensiv auf Fragen reagiert, ist es wahrscheinlich, daß zuviel Ausfragereien es auf den Gedanken bringen, Lernen sei nicht ein Herausfinden, wie etwas funktioniert, sondern ein Antwortempfangen und -geben, das Erwachsenen gefällt.

Wir sollten auch daran denken, daß Kinder (wie Erwachsene) und vor allem kleine Kinder viel mehr wissen und verstehen, als sie in Worte kleiden können. Wenn wir auf eine Lampe zeigen und zu einem kleinen Kind sagen »Was ist das?«, mögen wir nicht immer eine Antwort bekommen. Wenn wir keine bekommen, oder eine falsche, heißt das, daß das Kind das Wort »Lampe« nicht kennt oder nicht weiß, worauf es sich bezieht? Nicht unbedingt. In einem anderen Zusammenhang kann es das Wort vielleicht völlig richtig verwenden. Sein Grund, auf die Frage »Was ist das?« nicht zu antworten, könnte einfach sein, daß sie es verwirrt, daß es nicht weiß, was wir erwarten, daß es sagen oder tun soll. Der Psychologe Jerome Bruner machte einmal die scharfsinnige Bemerkung, daß vieles, was wir in der Schule tun und sagen, Kindern das Gefühl gäbe, sie wüßten Dinge nicht, die sie in Wirklichkeit sehr genau wußten, ehe wir anfingen, über sie zu sprechen. Ich bemerkte dies oft im Mathematikunterricht, wo Fünftklässler von Regeln und magischen Vorschriften so verwirrt und verängstigt waren, daß sie unfähig waren, Regeln oder auch nur ihren gesunden Menschenverstand auf Aufgaben anzuwenden, die sie ohne weiteres schon vor einigen Jahren hätten lösen können. Und wie in der Schule passiert dasselbe auch oft zu Hause.

Kinder haben ein ungesichertes und vorläufiges Verständnis von der Welt. Wenn wir ihnen zuviel Fragen stellen oder sie mit zuviel Schärfe stellen, schwächen wir es dadurch eher. Ihr Verständnis wächst schneller, wenn wir imstande sind, ihnen zu vertrauen und sie im übrigen in Ruhe zu lassen.

Es gibt eine gute Möglichkeit, Kindern zu helfen, die Namen von Dingen zu lernen. Sie besteht darin, über alles zu sprechen, was wir mit ihnen zusammen tun. Viele Mütter, die ihr Kind zum Ausgehen fertigmachen, sagen ungefähr folgendes: »Jetzt binden wir diesen Schuh, ziehen die Schuhriemen fest an, jetzt holen wir die Stiefel, laß uns nachsehen, so, den rechten Stiefel für den rechten Fuß, dann den linken Stiefel für den linken Fuß, ganz recht, jetzt kommt der Mantel, schlüpf in die Ärmel, zieh den Reißverschluß bis ganz oben und fest; jetzt die Handschuhe, linken Handschuh an die linke Hand, rechten Handschuh an die rechte Hand; jetzt kommt die Mütze, aufgesetzt, und über die Ohren…« Diese Art des Gespräches ist gesellig und macht Spaß, und von ihr lernt das Kind, nicht nur Worte, sondern auch die Wendungen und Sätze, zu denen sie passen.

Eines Wintermorgens, als wir beim Frühstück saßen, begann Tommy zu sagen »Dadadadada!« Wir fragten ihn, was er meinte. Wieder sagte er »Dadadada« und schaute uns wild entschlossen an. Wir sagten: »Willst du etwas? Tut dir etwas weh?« Falsch. »Willst du deinen Mantel? Deinen blauen Mantel?« Wieder falsch. »Willst du zur Toilette?« Immer noch falsch. »Ist dir kalt?« Jetzt waren wir auf der richtigen Spur. Mit weiteren Fragen fanden wir schließlich heraus, daß jemand eine Außentüre offen gelassen hatte, was einen Zug verursachte und daß Tommy wollte, daß wir die Türe schlossen – was wir taten. Dies zeigt, daß die Sprache eines kleinen Kindes mehr Unterschiede enthalten kann, als man vom Klang her meint.

Das kleine Kind kann den Unterschied zwischen mehreren Worten kennen, auch wenn es ihn nicht sagen kann.

Wenn ein Baby uns durch seinen Ausdruck, durch den eindringlichen Ton seiner Stimme, und durch ständiges Wiederholen seiner Worte anzeigt, daß es sich große Mühe gibt, uns etwas zu sagen, müssen wir uns ebenso große Mühe geben zu verstehen, was es sagt. Das wird oft nicht leicht sein. Manche Leute sagen, wenn sie etwas beim ersten oder zweiten Mal nicht verstanden haben: »Ich weiß nicht, was du sagst«, und geben auf. Aber wir dürfen nicht aufgeben. Manchmal hilft es, das nächstältere Kind der Familie zu fragen. Es könnte für uns übersetzen, vielleicht weil es das kleine Kind besser kennt und es mehr sprechen hört, vielleicht, weil es der frühen Sprache noch näher ist und sich erinnert, wie sie aufgebaut ist. Oder, wenn gerade kein anderes Kind da ist, das übersetzen könnte, so können wir zu dem Kind, das spricht, sagen: »Kannst du mir's zeigen?« Ich erinnere mich, eine Mutter gesehen zu haben, die dies mit ihrem kleinen Jungen tat. Zuerst verstand er ihre Frage nicht und schaute verlegen drein. Dann machte sie einen oder zwei Schritte in einer Richtung, zeigte mit dem Finger und sagte: »Ist es hier? Ist es in dieser Richtung?« Dann ging sie in eine andere Richtung und fragte wieder, während das Kind zusah, immer noch verworren, aber gespannt. Nach einer Weile hatte es die Frage verstanden und gleich darauf führte es sie zu dem, worüber es ihr etwas sagen wollte. Einmal kam Tommy, als er noch sehr klein war, zu mir, um mir zu sagen, daß sein Teddybär zwischen den Gitterstäben seines Betts eingeklemmt sei. Da ich ihn nicht gleich verstand, gingen wir durch die »Zeig mir«-Routine. Sobald er meine Absicht erkannt hatte, führte er mich zu dem Ort der Tragödie. Ich sagte: »Oh, ich sehe. Dein armer Teddybär hat sich in dein Bett eingeklemmt. Sein Kopf steckt zwischen den Stäben.

Nun, was wir tun müssen, ist, ihn zu lockern und ihn herausziehen. Zuerst müssen wir ihn ein wenig drehen, so daß sein Kopf in die andere Richtung schaut, und dann kann er endlich herausschlüpfen.« Ich fuhr fort über den Bären zu sprechen, und darüber, welches Gefühl man hat, wenn man eingeklemmt ist usw. Worauf kam es in diesem Gespräch an? Erst einmal darauf, etwas Konversation zu machen, und zweitens, Tommy zu zeigen, wie wir das ausdrücken, was er zu sagen versuchte und ihm zu bestätigen, daß wir wirklich die Worte haben, um über solche Dinge zu sprechen.

Bruno Bettelheim hat oft darauf hingewiesen, daß ein Kind zu der Auffassung kommen kann, es lohne sich nicht zu fragen, wenn seine Anstrengungen, eine Antwort auf seine Fragen zu bekommen, auch nur wenige Male nicht belohnt werden. Dies wirft ein neues Licht auf die Punktezahlen in Intelligenztests. Wir wissen, daß in den sogenannten Intelligenztests hauptsächlich die Fähigkeit, Worte zu verstehen und richtig einzusetzen gemessen wird. Wir wissen auch, daß sich sowohl hohe, wie niedrige Intelligenzquotienten innerhalb einer Familie meistens wiederholen. Daraus kann man leicht den Schluß ziehen, daß die verbale Fähigkeit, die in solchen Tests gemessen wird, eine von den Eltern vererbte Eigenschaft ist.

Mir erscheint es wahrscheinlicher, daß der IQ bei allen Mitgliedern einer Familie gleich hoch oder niedrig zu sein pflegt, weil Leute, die sachgerecht mit Worten umgehen, meistens fähig sind, das Wachsen dieser Fähigkeit in ihren Kindern zu unterstützen. Solche Kinder regt schon das Zuhören bei Gesprächen anderer in ihrer Umgebung zu eigenen Versuchen an. Wenn sie dann richtig zu sprechen anfangen, werden sie weiterhin dadurch unterstützt, daß ihre Eltern (und andere, ältere Leute) sich ständig und einfallsreich bemühen, sie zu verstehen. In einer Familie mit geringeren verbalen Fähigkeiten ist ein Baby demgegenüber nicht nur deshalb benachteiligt, weil es wenig Reden hört, sondern auch deswegen, weil es seltener verstanden und das heißt ermuntert wird, wenn es einmal versucht zu sprechen.

> *Wenn man sich nicht sehr viel Mühe gibt, ein*
> *Kind zu verstehen, könnte es allmählich*
> *meinen, es lohnte sich meistens nicht, irgend*
> *etwas zu sagen.*

Als Patrick, von dem ich schon früher sprach, gerade etwas über **zwei Jahre alt** war, konnte er S, Z, SCH, TSCH oder andere Zischlaute nicht aussprechen. Er ließ sie einfach aus. Worte wie »stoßen« kamen bei ihm heraus wie »toßen«. Es dauerte nicht lange, bis wir gelernt hatten, ihn zu verstehen; und wenn wir Erwachsenen nicht wußten, was er sagen wollte, konnte seine dreieinhalbjährige Schwester immer dolmetschen. Niemand stieß sich an den fehlenden Lauten. Der Erfolg: der kleine Junge war beim Sprechen zuversichtlich und frei und konnte nach kurzer Zeit sprechen wie jedermann. Was wäre wohl geschehen, wenn wir ihn so behandelt hätten, wie wir Kinder in der Schule behandeln?

Statt ihm Zeit zu lassen, seine Aussprache selbst zu verbessern, um seine Zuversicht und Geschicklichkeit beim Aussprechen der Zischlaute zu entwickeln, hätten wir ihn jedes Mal beim Sprechen korrigiert. »Nein, nicht ›toßen‹, ›stoßen‹. S-s-s-s-s-toßen. Sag stoßen, stoßen, stoßen.« Wir wären immer ungeduldiger und ärgerlicher geworden, das Kind entmutigt und geängstigt. Es hätte nicht lange gedauert, bis es schon beim bloßen Gedanken an Sprechen Angstzustände bekommen hätte. Vielleicht hätten wir versucht, alle Worte mit Zischlauten zu vermeiden. Vielleicht hätte es überhaupt mit dem Sprechen aufgehört, weil es so viel Schwierigkeiten machte. Oder es hätte angefangen zu stottern oder stammeln. Sprachtherapeuten weisen darauf hin, daß man auf diese Art Kinder zu Stotterern und Stammlern macht.

Die meisten Autoren, die über die Schwierigkeiten von Slumkindern schreiben, behaupten, Slum-Kinder sprächen schlecht, weil ihre Eltern sie beim Sprechen nicht verbesserten. Daraus kann man zwei Schlußfolgerungen ziehen. Die erste ist, daß sich die Sprache irgendeines Kindes, wenn sie nicht ständig korrigiert wird, so entwickeln wird wie die eines Slum-Kindes; die zweite ist die, daß wir die Sprachschwierigkeiten von Slum-Kindern einfach dadurch bewältigen, daß wir ihre Sprache oft genug korrigieren. Beide Gedanken sind unsinnig.

Kinder können die Sprache, die die meisten Menschen in ihrer Umgebung sprechen, erlernen, und sie tun es. Wenn ein Kind irgendwo aufwächst, wo die meisten Menschen nicht das sogenannte Hochdeutsch sprechen, werden wir nur Schaden anrichten, wenn wir versuchen, ihm einzureden, etwas sei *falsch* an seiner Sprache. Viel vernünftiger ist, womit einige Schulen schon begonnen haben, Hochdeutsch so zu unterrichten, als sei es eine Fremdsprache, dabei aber die Kinder zu ermuntern, über alle Dinge, die sie interessieren, in der ihnen geläufigen Sprache zu sprechen und schreiben, und sie die ganze Zeit über so viel wie möglich Hochdeutsch hören zu lassen.

Ich sprach kürzlich bei einem Eltern-Lehrer Verband und wiederholte die Geschichte von Lisa, in der sie einer ganzen Gruppe von Tieren, einschließlich Kühen, Pferden und Schafen den Namen »Kühe« gab. Ich erklärte, daß wir sie nicht verbesserten, weil es unhöflich sei; weil wir uns viel zu sehr freuten, sie sprechen zu hören, als daß wir uns Sorgen machen könnten wegen ihrer »Fehler«; und schließlich, weil sie einige kühne und großartige Gedanken gehabt hatte, an deren Wert wir sie nicht zweifeln lassen wollten. Wir wollten sie daher nicht davon abschrecken, noch mehr solche Gedanken in Zukunft zu haben. Außerdem betonte ich, daß eine Verbesserung gar nicht notwendig war, weil das Kind bald darauf selbst in der Lage war, die Tiere bei ihrem richtigen Namen zu nennen.

Gewisse Menschen regen sich immer auf, wenn sie solche Geschichten hören. Kurz nach der Zusammenkunft bekam ich einen netten, aber etwas erregten Brief einer intelligenten und hochgebildeten Psychologin, die meine Rede gehört hatte. Wie, fragte sie, könnten Kinder überhaupt lernen, wenn wir nicht ihre Fehler korrigierten? Ob wir nicht gerade dafür zuständig seien und das nicht unsere Pflicht wäre? Ich schrieb eine lange Antwort, wiederholte meinen Beweggrund und erzählte noch mehr Geschichten über Kinder, die ihre eigenen Fehler korrigierten. Aber sie schien dem Verständnis so fern zu sein, wie eh und je. Es ist fast, als könnte sie nicht hören, was ich sage. Das ist auch verständlich. Jeder, der es sich zur Lebensaufgabe gemacht hat, anderen Menschen zu helfen, mag zur Überzeugung kommen, sie könnten ohne ihn nicht mehr auskommen und mag es nicht hören wollen, daß sie nur allzu oft auf eigenen Füßen stehen können.

Viele Menschen scheinen ihr Leben auf der Vorstellung aufgebaut zu haben, sie seien in irgendeiner Weise unentbehrlich für Kinder, und dies in Frage zu stellen heißt, den Grund ihres Daseins anzufechten.

Auch auf die Gefahr hin, diese guten Leute aufzubringen, müssen wir ihre Annahme bezweifeln, weil sie größtenteils nicht richtig ist. Erst vor kurzem traf ich Jill, die **dreijährige** Tochter von Bekannten, die ich länger nicht mehr gesehen hatte. Sie erwischte mich in der Bibliothek, drauflosschwatzend und auf dies und jenes hinweisend. Auf einmal sagte sie: »Willst du sehen, was mir mein Bruder beibringte?« Ich sagte: »Aber gerne.« Sie stand vor mir auf dem Teppich, legte den Kopf auf den Boden und beugte sich immer weiter vor, bis sie einen Purzelbaum nach vorne machte. Erstaunlich! »Jetzt mache ich einen ganz großen«, sagte sie und machte wieder einen. Während sie noch einige machte, überlegte ich, wie ich in unsere Unterhaltung einen Satz mit dem Wort »beibrachte« einflechten könnte. Ich ließ absichtlich erst eine geraume Zeit verstreichen, und als sie dann ihren Bruder wieder erwähnte, sagte ich: »Bringt er dir viele Sachen bei?« »Oh, ja«, sagte sie. Ich sagte: »Das muß dir gefallen haben, als er dir diesen Purzelbaum beibrachte.« »Ja, das hat es«, sagte sie. Nach einigen weiteren Purzelbäumen tat sie etwas anderes und sagte: »Das ist etwas, was er mir auch beibrachte.« Und die Unterhaltung ging weiter.

Einige Minuten später war ihr Vater da und sie zeigte ihm den Purzelbaum und sagte: »Das ist was Jamie mir beibringte.« Ich war nicht überrascht; es dauert seine Zeit, bis Kinder sich in einem neuen Tun oder Sagen sicher fühlen, und diesem Kind muß »beibringte« vernünftiger und grammatisch folgerichtiger erschienen sein, und daher sprach alle Wahrscheinlichkeit dafür, daß es eher richtig war als »beibrachte«. Aber wieder ließ ich nach entsprechender Zeit einen Satz mit »beibrachte« fallen, und bei einer der nächsten Gelegenheiten, das Wort zu verwenden, sagte sie dann »beibrachte«. Mehr brauchte es nicht und braucht es nie.

> *Die Sinne eines Kinder sind wachsam, sie bemerken alles und Kinder wollen die gleichen Dinge tun wie die Erwachsenen. Wenn wir es geschickt anfangen, wenn wir uns mit ihnen unterhalten, so werden sie bald sprechen wie wir.*

Ein Kind, das zu sprechen anfängt, macht einen sehr kühnen Sprung in die Welt. Jeder, der in seinem Land eine fremde Sprache gelernt hat und sie dann zum erstenmal in einem fremden Land angewandt hat, weiß wie kühn und gefährlich dieser Sprung ist. Ich beschloß einmal, als ich im Ausland war, mit dem Fahrrad von Paris nach Rom zu fahren. Sechs Wochen bevor ich losfuhr, kaufte ich mir einige Anfängertexte und fing an, Italienisch zu lernen. Als ich Italien erreichte, beherrschte ich einen kleinen Wortschatz und etwas Grammatik, aber ich hatte nie ein Wort Italienisch zu irgend jemandem gesagt. An dem Tag, als ich die Grenze überquerte, fuhr ich in eine Stadt, die Ventimiglia heißt. Ich war hungrig und beschloß, mir einige Bananen zu kaufen. Ich sagte es immer wieder vor mich hin, wie ich danach fragen würde: »*Due kilo di banane, per favore.*« Das schien leicht genug zu sein. Nicht einzusehen, was daran falsch sein könnte. Aber ich befürchtete, daß mich alle im Laden bei diesen Worten auslachen würden. So wurde ich immer nervöser, je näher ich Ventimiglia kam und dem Augenblick, wo ich zu sprechen hatte. (Meine Ängste waren unbegründet – niemand in Italien lachte je über mich, jedermann erwies sich als nett und hilfreich.) Der Augenblick kam. Da war der Laden. Da waren die Bananen. Es gab keine Ausrede, es auf später zu verschieben. Ich nahm meinen ganzen Mut zusammen, ging hinein und sagte mein Sprüchlein. Die Dame hinter dem Ladentisch machte eine bestätigende Geste, schnitt einige Bananen vom Stiel ab, wog sie ab und gab sie mir. Ich bezahlte, dankte ihr und verließ den Laden. Mein Italienisch war angekommen! Was mich aber nicht ein bißchen weniger nervös machte, als sich die nächste Gelegenheit zu sprechen bot. Ich brauchte viele Anläufe, bis ich mir einigermaßen sicher war, daß mein schlechtes Italienisch von den Italienern wenigstens dem Sinn nach verstanden wurde.

Ein Kind, das sprechen lernt, braucht eine solche interessierte, aufmerksame und mitfühlende Zuhörerschaft, wie ich sie in Italien vorfand. Es ist sich zuerst nicht sicher, ob man mit dieser Sprecherei wirklich etwas anfangen kann. Es mag selbst nach vielen Jahren des Sprechens das Gefühl haben, daß es seine wichtigsten Gedanken und Empfindungen anderen Personen nicht mitteilen könnte.

Wenn ein Kind fühlt, daß wir Erwachsenen uns nicht dafür interessieren, was es zu sagen versucht, wird es immer verletzt sein. Für die meisten Kinder kommt diese Zeit dennoch allzu früh.

Lisa (**zweieinhalb Jahre alt**) ist gewöhnlich die erste, die morgens nach mir aufwacht. Wenn sie aufwacht, fängt sie an, mit sich selbst zu sprechen. Es ist eine seltsame Mischung. Silben, die nichts bedeuten, lustige Geräusche, abgerissene Liedstücke, Bemerkungen über das, was sie gestern tat und heute tun wird: Alles sprudelt im Überfluß aus ihr heraus. Neulich, nachdem sie über etwas ganz anderes gesprochen hatte, machte sie eine Pause und sagte dann: »Geh anziehen. (Pause) Kleid. (Pause) Schuhe. (Pause) Hosen.« Dann gingen ihre Gedanken zu etwas anderem über. Sie spricht den ganzen Tag über weiter. Manchmal redet sie, um etwas zu bekommen, was sie haben möchte. Manchmal redet sie, um etwas geschehen zu lassen, was den Sinn von dem, was sie sagt, erklärt. Die meiste Zeit über redet sie einfach, weil sie den Klang gern hat.

Sie spricht gern über Farben. Eins ihrer Lieblingsworte ist »blau«. Es ist etwas in der Bewegung von Lippen und Zunge, das ihr im »bl« gefällt, denn sie sagt es oft. Wann immer sie sagt, daß sie etwas möchte, fügt sie gewöhnlich hinzu »Will ein blaues, ein rosarotes«, oder »Ich habe ein blaues, ein rosarotes.« Sie kennt die Bezeichnungen der Farben sehr wahrscheinlich noch nicht und auch nicht den Sinn dessen, was eine Farbe ist. Was sie tatsächlich von Worten wie »blau«, »gelb«, »rosa« und so weiter weiß, ist, daß sie Adjektive sind. Das heißt, sie werden mit anderen Worten auf eine besondere Weise verbunden. Und wirklich, man könnte viele ihrer Gespräche Experimente mit der Grammatik nennen, das heißt Übungen im Worte – Zusammensetzen, so wie sie die Erwachsenen um sie herum zusammensetzen. Ihre Wort- und Satzfiguren klingen genauso wie die Sätze, die sie hört. Was bedeuten sie? Oft bedeuten sie überhaupt nichts und sollen auch überhaupt nichts bedeuten. Vor nicht langer Zeit sagte sie in der Mitte einer Unterhaltung über etwas anderes: »Ich fiel aus einem großen, blauen Berg heraus in ein Auto hinein.« In Gedanken ging ich fieberhaft alle möglichen Deutungen durch. Was wollte sie damit sagen? Mir kam die Idee, sie könnte vielleicht gar nichts damit meinen, sondern hatte nur einen nett klingenden Satz gefunden, ein Wortgefüge, in dem sie Worte und Wendungen gebrauchte, die sie kannte und die ihr gefielen.

Eines Morgens sagte sie beim Frühstück: »Reich mir den Pfeffer. Reich mir den Toast. Reich mir die Marmelade.« Zuerst reichten wir ihr alles hinüber. Ich bemerkte nach einer Weile, daß sie sie nicht gebrauchte. So war es oft; wonach sie verlangte, hatte nichts damit zu tun, was auf ihrem Teller war. Zum Beispiel verlangte sie die Milch, wenn sie schon welche hatte, oder Zucker, wenn nichts da war, ihn drauf zu streuen. Warum verlangte sie diese Dinge? Natürlich, weil jedermann das tat. Wenn man beim Frühstück sitzt, bittet man die Leute, einem etwas zu reichen. Die Erwachsenen taten das alle, darum fing sie auch damit an.

Dies mag ein Grund gewesen sein, das »Bitte, reich mir«-Spiel zu spielen, aber es war nicht der einzige Grund. Ich bemerkte bald, daß sie, obwohl sie die Dinge nicht gebrauchte, die man ihr reichte, doch jedesmal sehr genau beobachtete, um zu *sehen,* was man ihr reichte.

Kurz, sie verwandte die Sprache, um etwas geschehen zu lassen, was ihr mit der Zeit helfen wird herauszufinden, was die einzelnen Worte bedeuten.

Ich möchte ihr Wort-Experiment nicht als etwas Ausgedachteres erscheinen lassen, als es wirklich war. Wenn sie ihren Grund, alles was ihr gereicht wurde, genau zu beobachten, hätte in Worte fassen können, wäre es zum Beispiel nicht gewesen: »Ich werde sie jetzt bitten, mir den Zucker zu reichen, und werde aufpassen, was über den Tisch kommt, und dann werde ich wissen, was der Zucker ist.« Es war wahrscheinlich vielmehr etwa so: »Ich werde sie bitten, mir Dinge herüber zu reichen, und werde aufpassen, was sie tun und dabei werde ich wahrscheinlich etwas Interessantes herausfinden, vielleicht, wie alle diese Dinge heißen.« Kein Zweifel, sie mußte recht oft um den Zucker bitten und ihn bekommen, bis sie erst vermuten konnte und dann die Gewißheit hatte, daß das weiße sandige Zeug in der Dose das *war*, was jeder »Zucker« nannte. Aber Kindern fällt es leicht, jene undeutlichen Zeichen – die uns Erwachsenen zu vage wären – in ihrem Gedächtnis aufzuhäufen und geduldig zu warten, bis sie eines Tages herausfinden, was sie bedeuten. Ein Kind, das jemand anderes »Mach das Fenster zu« und »Mach die Tür zu« sagen hört, wird auch nicht sofort sagen »Aha! Das ist das Fenster und das ist die Türe«. Aber einmal wird eine Ahnung über das Kind kommen und bald wird es wissen. So lernen Kinder die fünftausend Wörter, von denen es heißt, daß sie sie beim Schulbeginn mitbringen. Eine der geistreichsten und wahrsten Bemerkungen über Erziehung stammt von einem katholischen Erzieher, der auf lange Jahre des Unterrichts und der Lehrerausbildung zurückblicken kann. Er sprach vor kurzem zu einer Gruppe katholischer Oberschulräte über den Umgang mit jungen Lehrern und bat sie dringend, nicht zu schnell auf Fehler hinzuweisen oder sie zu korrigieren, wenn die Lehrer sie selbst bemerken und verbessern könnten, vorausgesetzt, man gibt ihnen etwas Zeit. »Den Weisen zu belehren«, sagte er, und hob emphatisch den Finger, »heißt, seinen *Zorn* herauszufordern.« Wir lachten alle, teils, weil er uns zum Narren gehalten hatte, teils, weil er so recht hatte. Es macht uns zornig, das ist es genau. Wer kennt nicht diese Menschen, die stets bereit sind, einen zu unterbrechen, was wir auch sagen, nur um irgendwelche unbedeutenden Fehler zu berichtigen. Sie aufzuhängen scheint noch zu gut für sie. Ich werde heute noch schamrot, wenn ich daran denke, wie lange ich brauchte, um mit dieser Gewohnheit zu brechen.

Die meisten von uns werden so taktvoll sein, andere Erwachsene nicht auf ihre Irrtümer hinzuweisen, aber nur wenige werden diese Höflichkeit (oder irgendeine andere Höflichkeit) Kindern zukommen lassen. Und doch wäre es wichtig, daß wir es täten, denn sie nehmen alles wahr, sind empfindlich und leicht verletzt, erniedrigt und entmutigt.

Aus diesem Grund war ich darauf bedacht, einige Zeit vergehen zu lassen, als die dreijährige Jill »beibringte« zu mir sagte, bis ich »beibrachte« zu ihr sagte. Hätte ich es sofort gesagt, hätte es wie eine Verbesserung und ein Tadel ausgesehen. Auch mit dem Erwähnen von Fehlern, die sie selbst verbessern, sollten wir vorsichtig sein. Es kann sein, daß sie nicht gern daran erinnert werden.

Eine ähnliche Erfahrung machten wir mit Tommy. In der Stadt, in der er lebt, gibt es jedes Jahr ein Volksfest, auf dem ein riesiges Bild von Zozobra, dem König der Finsternis, verbrannt wird. Dieses große Freudenfeuer ist eine aufregende Sache für kleine Leute; Tommy sprach schon Monate vorher von »Zorzor« und wann wir hingehen würden, ihn zu sehen. Wenn in der Familie davon gesprochen wurde, so sagte man Zozobra, aber wenn Tommy uns nach Zorzor fragte, schien es uns höflicher, das gleiche Wort zu verwenden, und so hielten wir es auch. Unvermittelt sagte er jedoch eines Tages und nicht lange vor dem Fest »Zozobra«, ohne daß wir ihn irgendwelche Experimente mit dem Wort hatten machen hören. Einen Tag darauf bemerkte ein Familienmitglied, das ihn nicht »Zozobra« sagen gehört hatte, daß er bald Zorzor sehen würde. Sofort sagte Tommy freundlich, aber sehr betont, »Es heißt nicht Zorzor, es heißt Zozobra.«

> *Vielleicht haben Kinder aus den gleichen Gründen Geschichten aus der Zeit, als sie jünger waren, nicht gern. Die Kindheit ist für sie kein gesegneter Zustand, sondern etwas, dem man so schnell wie möglich entkommen muß. Ihre Kleinheit, Hilflosigkeit und Unbeholfenheit erscheint ihnen nicht als etwas Entzückendes, sondern als etwas Demütigendes, an das sie so wenig wie möglich erinnert werden wollen.*

Es macht ihnen nichts aus, daß wir ihnen von Zeit zu Zeit erzählen, daß sie sehr nett gewesen seien, als sie noch klein waren. Das ist aber auch ungefähr alles, was sie noch hören mögen. Welche Fehler sie beim Heranwachsen und Lernen auch immer begingen, das Beste ist es, sie zu vergessen.

Daß Jill »beibringte« sagte, statt »beibrachte«, ist ein Beispiel für eine Art von Fehlern, die kleine Kinder oft beim Sprechen machen. Wenn wir diese Fehler nicht als witzig ansehen, so halten wir sie meistens für ungrammatische Formen, Beispiele für die Ungeschicktheit, mit der Kinder Sprache nachahmen. In Wirklichkeit ist der Fehler, den ein Kind macht, das »beibringte« sagt, weder ungrammatischer Natur, noch kommt er vom Nachahmen.

Es erfindet etwas sehr Grammatisches. Es sagt nicht »beibringte«, weil es jemand anderes es einmal sagen hörte; das ist unwahrscheinlich. Es sagt es, weil es weiß – wenn es auch seine Kenntnis nicht in Worte fassen könnte –, daß man die Vergangenheit anderer Verben dadurch bekommt, daß man die Endung -te anhängt. Daraus schließt es, daß es beim Wort »beibringen« ebenso sei. Dies ist in jeder Hinsicht eine vernünftige Annahme und zeugt von großer Auffassungsgabe. Um so mehr Veranlassung also für uns, einem Kind, das diese »Fehler« macht, höfliches Verständnis entgegenzubringen, statt es kurzerhand zu berichtigen.

Als ich noch die fünfte Klasse unterrichtete, unterhielt ich mich einmal mit einer Zwölfjährigen über meine Klasse. Dabei erzählte ich ihr, daß die Kinder sich einmal eine ganze Stunde lang miteinander unterhalten hätten. Meine Gesprächspartnerin sah mich verständnislos an. Sie sagte: »Du meinst, deine Schüler haben sich die ganze Stunde selbst miteinander unterhalten?« »Ja.« Sie sagte: »War dies in der Stunde, wo man etwas von Zuhause mitbringt und darüber spricht?« Ich sagte: »Nein, wir haben diese Stunde nicht, aber es gibt doch jeden Tag viele Gelegenheiten, bei denen die Kinder über das, was sie am meisten interessiert, miteinander sprechen können, wenn sie wollen. Habt ihr in der Schule nie Gelegenheit, miteinander zu reden?« Sie war so überrascht, daß es ihr fast die Sprache verschlug.

Ich wußte natürlich, was sie sagen würde, auch ohne sie zu fragen. Mein Kollege Bill Hull fragte mich einmal:

> *»Wem fehlt am meisten die Gelegenheit, sich in der Schule im Sprechen zu üben? Und wem gibt man sie? Genau. Die Kinder brauchen sie, der Lehrer hat sie. Es ist sogar in den angeblich fortschrittlichsten Schulen in fast allen Klassen zur Gewohnheit geworden, daß ein Kind nur zum Lehrer spricht und nur wenn es gefragt wird.«*
> *Und nach der Schule streben die Kinder nach Hause, wo ihre Zeit von Hausarbeiten und Fernsehen in Anspruch genommen wird, und sowieso keinem viel daran liegt, mit ihnen zu sprechen. Das Ergebnis dieser Erziehung kann dann sein, daß Zehnjährige und sogar ältere Kinder nicht viel besser sprechen können als viele der Fünfjährigen, die ich kannte.*

Dieser Verlust von Gewandtheit und Interesse am Sprechen wirkt sich auf jedes Fach des normalen Stundenplans aus. Nehmen wir zum Beispiel Schreiben.

> *Ein Kind, das nicht spricht, hat nicht viel zu sagen, und deshalb wird es nicht wissen, worüber es schreiben soll. Es wird oft das Gefühl haben, daß kaum etwas von dem, was es sagen oder schreiben möchte, jemanden wirklich interessiert, oder andere darüber nur lachen. Es verwirft jeden Gedanken, der ihm kommt, auf der Stelle. Wenn es doch versucht, seine Gedanken*

auszudrücken, so fällt es ihm schwer, weil es so
wenig Übung im Sätze bilden hatte. Weil es nie
vom eigenen Tun gelernt hat, wodurch der
sprachliche Ausdruck klar, kräftig und wir-
kungsvoll wird, hat es keine Möglichkeit, den
Wert seines eigenen Schreibens zu beurteilen.
Ob etwas gut geschrieben ist, hängt schließlich
nicht davon ab, ob es den grammatischen Re-
geln entspricht, sondern wie es sich anhört.

Wenn ein Schüler nicht weiß, wie eine gute Rede klingt, werden ihm alle Grammatikregeln seines Buchs nicht dabei helfen, gut zu schreiben. Und ein flüchtiger Blick in so viele gelehrte Zeitschriften enthüllt schon die Tatsache, daß viele unserer hochgebildeten Männer außerordentlich schlecht schreiben.

Fehlende Gesprächsgewandtheit läßt viele auch zu schlechten Lesern werden. Der gute Leser beginnt mit dem Autor einen lebendigen Dialog. Er unterhält sich mit ihm, ja er argumentiert sogar mit ihm. Der schlechte Leser liest passiv; die Worte rufen seinen Geist nicht hervor; er verhält sich wie ein gelangweilter Zuhörer bei einer Vorlesung. Wenn ein solcher Leser einen Text studiert, neigt er dazu, seinen Intellekt wie eine fotografische Platte zu benutzen, so als ob er die Worte einer Seite in seinem Gedächtnis festhalten könnte, indem er sie lange genug anstarrt. Das funktioniert nie. In Fächern wie Mathematik und Naturwissenschaften muß man oft Anleitungen ausführen, d. h. die Worte in eine Tätigkeit umsetzen. Das unartikulierte Kind versagt vor dieser Aufgabe oft. Es kann auch vorkommen, daß andere ihm nicht helfen können, weil es das Verstandene nicht vom Unverstandenen trennen kann, oder weil es nicht klar genug formulieren kann, was ihm unklar ist. Kurz, das Schulkind, das mit Worten nur schwerfällig umgeht, ist an Händen und Füßen gebunden. Zweifellos legen unsere Schulen auch zu großen Wert auf die Symbolsprache und sollten anderen Formen des Ausdrucks mehr Zeit und Raum geben. Vielleicht kommt der Tag, an dem sie es tun werden. Zur Zeit muß man jedoch fließend sprechen können, um vorwärts zu kommen. Trotzdem wird an fast keiner Schule irgend etwas getan, um den Kindern zu helfen, im sprachlichen Ausdruck flüssiger, treffender und gewandter zu werden.

In vielen Klassen, in denen man die letzten Dinge in Mathematik, Sozialkunde oder was auch immer betreibt, wird die Frage, wer spricht, immer noch vom alten Schema bestimmt: Meistens spricht der Lehrer, und hin und wieder stellt er den Kindern Fragen, um festzustellen, ob sie aufgepaßt und alles verstanden haben. Ab und zu veranstaltet ein mutiger Lehrer auch eine sogenannte Diskussion. Dabei geschieht gewöhnlich das, was Bill Hull »Antworten ziehen« nannte. Der Lehrer stellt dabei eine Reihe gezielter Fragen. Das Ganze läuft darauf hinaus, daß die Kinder eine Antwort geben, von der er sich schon im voraus überlegt hat, daß sie die richtige sei. Die Lehrerhandbücher sind voll von Beschreibungen dieser Technik – ... »in einer Diskussionsstunde darüber sind die folgenden Punkte herauszuarbeiten ...«

Das vorgetäuschte, dirigierte Gespräch ist schlimmer als gar keines. Kein Wunder, daß es Kindern bald langweilig und zuwider wird.

Selbst wenn eine Diskussionsstunde in offener, ehrlicher und nichtmanipulierter Weise geführt wird und echtes

Interesse bei den Kleinen erweckt, wenn sich sogar alle Kinder gleichmäßig daran beteiligen, selbst dann würde sie nicht ausreichen, um die sprachlichen Fähigkeiten der meisten Kinder zu entwickeln. Es sind zu viele Kinder da und es gibt zu wenig Zeit. Was soll man tun? Die Lösung ist einfach, wenn wir nur den Mut haben, sie zu versuchen. In England gibt es viele Volksschulklassen, in denen es Kindern erlaubt wird, in Paaren oder kleinen Gruppen zusammenzuarbeiten und zu sprechen – wenn sie leise genug sind. In Schulklassen, wo man es den Kindern noch nicht erlaubt, an einem eigenen Projekt ihrer Wahl zu arbeiten, sollte man ihnen ausreichend Zeit zur Verfügung stellen, in der sie über alles, was sie interessiert, sprechen können, ohne daß der Lehrer die Diskussion leitet oder in sie eingreift. Es mag vorkommen, daß der Lehrer die Kinder bitten muß, leiser zu sprechen. Er sollte aber nicht bestimmen, worüber sie zu sprechen haben.

In meiner letzten fünften Klasse setzte ich hin und wieder eine Stunde als Freistunde an. Während jener Zeit konnten die Kinder lesen, zeichnen, spielen (Schach wurde ein beliebtes Spiel), Rätsel lösen, oder, was sie am liebsten taten, miteinander sprechen. Im Lauf der Zeit gewann ich immer mehr den Eindruck, daß diese Zeiten vielleicht der wertvollste Teil des Tages waren. Manchmal verwandelten sich die Unterhaltungen der Mädchen in ein Wispern und Kichern, oder die der Jungen in ein heftiges Wortgefecht. Aber im Ganzen gesehen wurden die Unterhaltungen in dem Maß, in dem die Kinder ihre Erfahrungen darin sammelten, immer ernsthafter und nützlicher für alle, die sich daran beteiligten.

Zum einen fallen bei solchen Gelegenheiten die Unterschiede zwischen begabten und weniger begabten

Schülern weg. Einige der schwächsten Schüler erwiesen sich als sehr interessante und gutinformierte Sprecher und waren in der Lage, mit den Besten der Klasse auf gleicher Ebene zu sprechen und zu argumentieren. In dieser Beziehung gibt es Lehrer, die meinten, daß Kinder, die an strenge Aufsicht während der Stunde gewöhnt seien, nicht wüßten, was sie mit der freien Zeit anfangen sollten. Sie würden sie nur vergeuden, heißt es. Dieses Problem ist nicht so schwierig, wie man meint, aber es besteht. Eine Möglichkeit, es anzugehen, besteht darin, die Freizeiten zuerst kurz zu halten, zum Beispiel fünfzehn Minuten lang oder eine halbe Stunde und dann nur leise Gespräche zuzulassen. Man könnte sogar Perioden einführen, während denen nicht gesprochen werden darf. Je mehr sich die Kinder an ihre Freiheit gewöhnen, je einfallsreicheren Gebrauch sie von ihr machen, desto mehr Freiheit kann man ihnen geben. So können wir aus dem täglichen Trott der Schule ausbrechen und das Klassenzimmer zu einem Ort werden lassen, an dem immer selbständiger gelernt, gedacht und gesprochen wird.

Wie Kinder Lesen Lernen

»*Alles, was unser Unterricht, unsere Bedenken und die Vereinfachungen erreichen, läßt Kindern das Lesen hundert Mal schwerer erscheinen als es nötig wäre.*«

Als Lisa ungefähr dreieinhalb Jahre alt war, war sie das jüngste Kind einer großen Familie, in der jeder gerne Bücher las und liebte. Bücher gab es überall im Hause, auf Tischen, Stühlen, Betten und auf dem Boden. Und doch nahm man die Sache nicht überaus ernst; keins der Kinder war zum Lesen gezwungen worden und niemand versuchte, sie dazu zu zwingen. Um so überraschter war ich, als Lisa eines Tages wie aus dem blauen Himmel und dazu noch ziemlich aggressiv zu mir sagte: »Ich kann lesen!« Ich sagte, etwas erstaunt: »Nun, sicher, ich sagte ja nie, daß du es nicht könntest.« Es gab keinen Grund, sie jetzt noch herauszufordern. Sie wußte, daß sie nicht lesen konnte, und sie wußte, daß ich es wußte. Gewiß empfand sie es als erniedrigend, daß sie etwas nicht tun konnte, was jedermann in ihrer Umgebung – soviel sie wußte, die ganze Welt – konnte. Warum sollte ich dieses Gefühl noch vertiefen?

Viele Jahre später erzählte mir ein Freund eine Geschichte von seiner Tochter, die damals noch nicht ganz ein Jahr alt war. Man hatte ihr eine kleine Plastiktrillerpfeife geschenkt, auf der sie gern herumtutete. Es war ihr Lieblingsspielzeug. Eines Tages hob eins ihrer Eltern die Pfeife auf, entdeckte, daß darin Löcher waren, wie in einer Blockflöte, und blies eine kleine Melodie darauf. Die Eltern amüsierten sich damit ein, zwei Minuten und gaben sie dann dem Kind zurück. Zu beider Überraschung schob sie es ärgerlich beiseite. Zum Zeitpunkt, da ihr Vater mir die Geschichte erzählte, hatte sie noch nicht wieder damit gespielt.

Die Geschichte erinnert mich an etwas, was Danny tat, als er ungefähr **zweieinhalb Jahre alt** war. Ich hatte gedacht, daß er die Cuisenaire-Stäbe gern haben würde, und war gespannt, was er mit ihnen tun würde. So brachte ich ihm eines Tages, als ich seine Eltern besuchte, eine Schachtel mit Stäben mit. Wir öffneten sie und zeigten ihm all die kleinen farbigen Stäbchen. Er war begeistert. Die vielen Hunderte leuchtend farbiger Holzstücke mußten ihm, wie Glasperlen primitiven Völkern, als der wahre Reichtum der Welt vorkommen. Wir leerten die Schachtel auf dem Teppich aus, und eine Zeitlang saß er nur da, hob ganze Hände voll der Stäbchen auf und ließ sie durch die Finger rinnen, trunken vor Freude und Aufregung. Dabei sah er wie der sprichwörtliche Geizhals inmitten seines Geldes aus. Ich weiß jetzt, ich hätte ihn mit den Stäben auf seine Art spielen lassen sollen, ihn sich auf seine Art mit ihnen vergnügen lassen, so wie er sie mit Augen und Fingern erkundete und allmählich ihre Anwendungsmöglichkeiten erforschte. Damals glaubte ich, der Zeitpunkt sei gekommen, einen »Lernprozeß« einzuleiten. Ich ging, wie mir schien, ganz zwanglos vor. Ohne auch nur zu sagen »Schau her!«, nahm ich einige Stäbe aus dem Haufen und fügte sie auf dem Boden zu einer Figur zusammen. Ich dachte, er würde bald versuchen, es mir nachzumachen. Sein Vater kam hinzu und in kurzem hatten wir eine primitive, flache

Struktur gebaut, von der wir dachten, daß Danny sie ohne Schwierigkeiten nachbauen könnte. Als wir fertig waren, sahen wir ihn an. Er blickte uns eine Weile ausdruckslos an. Dann kam er, ohne ein Wort zu sagen, herüber und schubste unser kleines Gebäude mit einem Handstreich über den ganzen Teppich hinweg. Verwundert fragten wir ihn: »Warum hast du das getan?« Er sah uns nur an. Dummerweise gab wir nicht nach, sondern bauten eine andere Figur. Wieder zerstörte er sie. Dabei sah er nicht so sehr verärgert als eher fest entschlossen aus. Wir versuchten es noch einmal mit dem gleichen Ergebnis. Schließlich kamen wir zur Einsicht, daß da etwas vorging, was wir nicht verstanden, und ließen den kleinen Jungen mit den Stäben auf seine Art spielen.

Es besteht kein Zweifel, daß sogenannte »Vorbilder« – Menschen, die es besser können – ein Kind zum Lernen anregen und es dabei unterstützen. Aber wir sollten daran denken, daß ein Vorbild auch zu übermächtig werden kann. Kinderpsychologen schreiben viel über die von ihnen so genannte »infantile Omnipotenz«. Ihre Theorie scheint zu besagen, daß Säuglinge und kleine Kinder glauben, sie könnten wirklich alles, und daß sie nur allmählich und in dem Maße, in dem sie erwachsen werden, erfahren, wie wenig sie können. Ich glaube nicht, daß das stimmt, nicht einmal bei Säuglingen; ich glaube auch nicht, daß es für Zwei- oder Dreijährige zutrifft, die nur zu gut wissen, wie wenig sie wissen, verstehen und können und für die es oft beängstigend und erniedrigend ist, dessen inne zu werden. Wir brauchen deshalb nicht zu versuchen, unser überlegenes Wissen und Können vor den Kindern zu verbergen; das wäre unmöglich, selbst wenn es wünschenswert wäre, was es nicht ist.

Wir müssen uns nur bewußt sein, wie schmerz-
lich Kindern ihre Unkenntnis und Unbeholfen-
heit oft ist. Und wir müssen sehr behutsam sein,
wollen wir ihnen ihre Schwächen nicht noch un-
ter die Nase reiben. Eltern, die nie einen Fehler
machen, geben ihren Kindern kein gutes Bei-
spiel. Die Kinder trauen sich dann nichts mehr
zu, weil sie mit ihren Eltern sowieso nicht mit-
halten können.

Dies gilt genauso für Lehrer.

Einer der Gründe, warum Kinder so gut von
älteren Kindern lernen, besteht vielleicht nicht
nur darin, daß ein älteres Kind die Sprache des
jüngeren versteht und sich seiner Ausdrücke
bedienen kann, sondern auch darin, daß es ein
geeigneteres Vorbild ist, weil es innerhalb des
Erreichbaren bleibt.

Sicher, es ist für ein Kind, das sich für Sport, Musik,
Tanz, Kunst, Theater oder was auch immer interessiert
eine aufregende und begeisternde Sache, von Zeit zu
Zeit Erwachsene zu sehen, die darin unvergleichlich gut
sind. Aber als Vorbilder des täglichen Lebens eignen sich
diese Experten wahrscheinlich viel weniger für ein Kind
als Kinder, die nur wenig älter und größer sind und nur
wenig mehr können als es selbst. So verstehe ich auch
jetzt, was ich damals nicht verstand, warum so viel mehr
Kinder in meiner Schule auf dem Waldhorn blasen wollten, als auf der Flöte: ich war für sie ein Fachmann im
Flötenspiel, während ich auf dem Horn ein gewöhnli-
cher Anfänger wie jeder von ihnen war.

Doch kehren wir zu Lisa zurück, die mich diese Dinge zuerst lehrte, oder mir wenigstens Blick und Verstand dafür geöffnet hatte. Einmal, als sie etwa **vier Jahre** alt war, machte ich einen meiner häufigen Besuche bei ihrer Familie. Da ich ihr Interesse am Lesen schon kannte, brachte ich etwas Lesematerial mit, das ich im Unterricht an der Schule verwendet hatte – es waren einige Karten, die nach einer Methode, genannt »Worte in Farbe«, Verwendung fanden. Zu dieser Zeit wußte ich schon Besseres, als ihr dieses Material voller Begeisterung schmackhaft zu machen. So sagte ich denn nicht »Oh, Lisa, ich habe dir ganz tolle Sachen mitgebracht, warte nur, bis du sie selber siehst, wir werden viel Spaß mit ihnen haben«, sondern ließ die Karten einfach in meinem Zimmer; ich wußte, sie würde sie dort auf einer ihrer Entdeckungsreisen bemerken. Die Vermutung trog nicht; einige Tage später fragte sie mich: »Was sind diese großen Zeichen, die du in deinem Zimmer hast?« Ich sagte: »Meinst du diese Dinger mit den farbigen Buchstaben?« »Ja.« Ich sagte, ich brauchte sie für die Schule, wo Kinder damit lesen lernten. Sie sagte: »Kann ich sie auch benutzen?« Ich sagte: »O.k., wenn du willst.« Sie sagte: »Ich meine gleich jetzt.« So brachten wir die Karten ins Wohnzimmer, verteilten einige davon auf dem Teppich und machten uns an die Arbeit.

Gewöhnlich weist der Lehrer, der diese Karten gebraucht, auf bestimmte Worte und fragt die Kinder, wie sie heißen.

Aber ich hatte zu dieser Zeit schon gelernt, wie sehr sich auch kleine Kinder ängstigen, wie vorsichtig und abwehrend sie werden können, wenn man sie in eine Situation bringt, in der sie eine Antwort geben müssen, die falsch sein kann.

Daher gab ich Lisa einen Zeigestab und bat sie, mich zu fragen, wie irgendein Wort hieß, oder es selbst zu sagen, wenn sie glaubte, es zu kennen. Mit anderen Worten, ich versuchte, das Spiel für sie »ungefährlich« zu machen und es von ihr beherrschen zu lassen. Eine Zeitlang spielten wir auf diese Art; sie fragte mich Worte, die ich ihr sagte und manchmal wußte sie ein Wort und sagte es selbst. Aber nach einer sehr kurzen Zeit, es waren nur wenige Minuten vergangen, begann sie die Spielregeln zu ändern, um es anders, auf ihre Art, zu spielen. Die älteren Kinder der Familie hatten damals einen guten Freund namens Henry Harrison, den auch Lisa kannte. Jetzt amüsierte sie sich damit, auf irgendwelche drei bis vier Buchstaben lange Worte zu zeigen und zu sagen »Henry Harrison!« Ich versuchte, das Spiel sanft zu seinem ursprünglichen Gang zurückzusteuern, aber ohne Erfolg. Es war klar, daß sie nicht nur des Spiels müde war, sondern anfing, einen Widerwillen dagegen zu entwickeln. Daran blieb kein Zweifel; nach einer weiteren Minute oder so sagte sie, sie wolle aufhören und wir legten die Karten beiseite. Sie fragte während des Rests meines Besuchs nicht mehr nach ihnen.

Das war unerklärlich. Warum wandte sie sich so schnell von dem Material ab, nach dem sie selbst gefragt hatte, und obwohl ich so vorsichtig gewesen war, jede Art von Prüfungssituation zu vermeiden? Das gleiche geschah mit völlig verschiedenen Materialien noch einmal bei einem späteren Besuch. Erst später und nach vielem Nachdenken begann ich zu vermuten, wo die Ursache für die Schwierigkeit zu suchen sei.

So sehr ich mich bemüht hatte, dem Spiel alles Drohende zu nehmen, jede Situation zu vermei-

den, in der sie unrecht haben könnte, so wenig
ließ sich die Tatsache verbergen, daß dies ein
Spiel war, über das ich alles wußte und sie
nichts. Und dies allein war eine gefährlichere
und erniedrigendere Situation, als sie willens
oder fähig war, zu ertragen.

Es wäre ein großer Fehler anzunehmen, dies sei eine ungewöhnliche, ausgefallene oder gar »unnormale« Reaktion. Es ist eine sehr menschliche, die unter Erwachsenen so verbreitet ist wie unter Kindern. Normalerweise
haben es die meisten von uns es überhaupt nicht gern,
sich mit jemandem konfrontiert zu sehen, der sehr viel
mehr über eine bestimmte Sache weiß als wir selbst. Obwohl ich einen großen Teil meiner kindlichen Neugierde, die ich während meiner Schulzeit verloren hatte,
wiedergewonnen habe, spüre ich diese Reaktion oft
noch in mir selbst aufkommen. Erst kürzlich saß ich im
Flugzeug neben zwei Männern, die eine lebhafte Unterhaltung über moderne Biologie führten. Einerseits
konnte ich mir meine Neugier auf den Gegenstand ihres
Gesprächs und die Diagramme, die sie zeichneten, nicht
verkneifen. Aber selbst während ich versuchte, vom
Sinn ihres Gesprächs einen Zipfel einzufangen, wehrte
sich ein anderer Teil meiner selbst heftig dagegen, dem
worüber sie sprachen, irgendwelche Bedeutung einzuräumen. Die meiste Zeit über konnte ich meine Abwehrgedanken zum verstummen bringen und zuhören. Die
Reaktion war jedoch da und sie war ebenso stark, wie
wenn ich zum Beispiel einen Artikel im *Scientific Ame*
rican lese, aus dem ich mir absolut keinen Reim machen
kann. Solche Reaktionen sind natürlich, wenn auch keine Ursache, überheblich zu werden. Wir wollen selbst

da, wo wir mit unseren Gedanken allein sind, uns nicht unwissend und dumm vorkommen. Wenn wir mit einer Sache konfrontiert werden, die wir nicht kennen, schützen wir uns hinter dem Ausspruch, es sei nichts Wissenswertes.

Stolze und empfindliche Kinder neigen besonders dazu, so zu reagieren.

Nachdem ich wußte, daß Lisa ein solches Kind war, hatte ich etwas Besorgnis, was geschehen würde, wenn sie in die Schule käme und sich dem Formalunterricht beugen mußte. Oder würde sie ihm widerstehen? Es sah wohl so aus. Zum Glück löste sie das Problem, indem sie sich das Lesen selbst beibrachte. Niemand weiß, wie sie das tat. Wir wissen im großen Ganzen darüber überhaupt noch sehr wenig. Es gibt jedes Jahr Tausende von Kindern, die sich selbst Lesen lehren. Wir sollten einmal herausfinden, wie viele solcher Kinder es gibt und auf welche Weise sie sich selbst lehrten.

Wie dem auch sei, Lisa ging in einen Kindergarten, in dem zwar nicht versucht wurde, den Kindern das Lesen beizubringen oder sie dazu anzuleiten, in dem es aber viele Bücher, Zeichen, Buchstabenkarten und anderes nützliches Material gab. Da sie mit einer ganzen Menge von Kindern zusammen war, die so wenig lesen konnten wie sie, wird sie gedacht haben, daß Nicht-Lesenkönnen keine Schande sei. Später muß sie dann darauf gekommen sein, daß ältere Leute, die ja lesen konnten, es auch einmal gelernt haben mußten und wenn die das konnten, konnte sie es auch. Ende November fing sie an, Anfänger-Lesebücher und Übungshefte heimzubringen, in denen sie für sich arbeitete. Als ich sie im folgenden Sommer wieder sah, las sie Bücher, die dem Schwierigkeitsgrad der zweiten Klasse entsprachen, oder sogar auch einmal ein einfaches Buch für Drittklässler.

Eines Tages saßen wir beide im Wohnzimmer und lasen. Sie hatte von der Kinderabteilung der öffentlichen Bibliothek gerade vier Bücher entliehen, das war die größtmögliche Zahl. Nachdem sie dasjenige ausgewählt hatte, das ihr am interessantesten aussah, richtete sie sich auf einem großen Stuhl ein und begann mit der Arbeit. Ich hörte sie vor sich hin murmeln, obwohl ich die meiste Zeit über nicht verstand, was sie sagte. Aus dem Ton ihrer Stimme und den Pausen, die sie machte, schloß ich, daß in dem Buch viele Wörter waren, die sie kannte und beim Anschauen wiedererkannte, während sie bei anderen anhalten mußte, um sie auszuknobeln, sei es, daß sie sich dabei auf ihre groben Phonetikkenntnisse stützte, sei es, daß sie sie aus dem Zusammenhang erriet, oder beides. Manche Worte überging sie bereitwillig; sie meinte nicht, sie müsse jedes einzelne herausbekommen. Aber immer wieder stieß sie auf ein Wort, das sie weder ausknobeln noch erraten noch übergehen konnte. An diesem Tag fand sie ein solches Wort. Langsam kletterte sie aus ihrem Stuhl und kam, das Buch hochhaltend, auf mich zu. Ich sah, wie sie herankam. Sie hatte einen unbewegten, strengen Gesichtsausdruck. Sie zeigte auf ein Wort in dem Buch und sagte: »Was steht da?« Ihr Ausdruck schien sehr deutlich zu sagen »Nun stell' mir bitte nicht eine Menge dummer Fragen wie ›Was meinst du, was das heißt?‹ oder: ›Hast du versucht, es auszusprechen?‹, oder irgend etwas von der Art. Wenn ich eins dieser Dinge könnte, wäre ich nicht hier, um zu fragen. Sag mir einfach, was das Wort bedeutet, das ist genug!« Ich sagte es ihr. Sie nickte, ging zu ihrem Stuhl zurück und fuhr fort zu lesen.

Später fragte ich ihre Mutter, wie oft es vorkam, daß Lisa wissen wollte, was ein Wort bedeutete. Sie dachte ein wenig nach und sagte dann: »Nicht sehr oft. Vielleicht ein- oder zweimal in der Woche, wenn es hoch kommt.« Das brachte sie noch auf einen anderen Gedanken, und sie fügte hinzu: »Es ist jedoch bemerkenswert, daß sie nie ein Wort vergißt, nach dem sie einmal fragte.«

Bemerkenswert, doch nicht überraschend, denn die Dinge, die zu lernen uns eigene Gründe nötigen, vergessen wir nicht. Aber selbst wenn Lisa ein oder mehrere Male in der Woche andere nach Worten fragte, würde das höchstens etwa zweihundert der fünfzehnhundert Worte betreffen, die sie kennt. Woher kennt sie die anderen? Offensichtlich hat sie sie selbst herausgefunden.

Eine andere **Fünfjährige** namens Nora belehrte mich weiterhin darüber, was Kinder tun, wenn sie sich selbst das Lesen beibringen, welchen Problemen sie dabei begegnen und auf welche Weise sie sie lösen oder zu lösen versuchen. Ich besuchte also an einem Wochenende Nora und ihre Familie. Obwohl ich Nora, seit sie ein kleines Baby war, nicht mehr gesehen hatte, wurden wir bald gute Freunde. Manchmal kam sie im Lauf des Tages, wenn ich nichts zu tun zu haben schien mit einem Buch in der Hand und bat mich, ihr beim Lesen zu helfen. Ich willigte ein, und wir setzten uns aufs Sofa und gingen an die Arbeit. Noras Buch hieß »Hop on Pop«, ein sehr gutes Buch für Anfänger. Die Bilder sind interessant und lustig, und die Worte und Laute sind diejenigen, die am häufigsten im täglichen Gebrauch vorkommen. Außerdem führt das Buch neue Worte so ein, daß ein Kind sie fast alle ohne fremde Hilfe herausfinden kann, wenn es sich die Bilder anschaut und daraus die richtigen Schlüsse zieht. Kurz, es ist ein praktisches Buch für ein Kind, das selbst lesen lernen will.

Zuerst war ich mir nicht klar darüber, wie ich ihr helfen sollte oder welche Aufgabe sie mir zugedacht hatte. Die meiste Zeit über mußte ich still sitzen, ohne etwas zu sagen – eine sehr schwierige Sache für einen Lehrer, besonders für einen wie mich, der meint, er sei gut im Erklären und Helfen. Die ersten paar Seiten waren leicht; dann kamen mehr Wörter, die Nora noch nicht kannte und die sie ausknobeln mußte. Ich sagte kaum etwas und nur dann, wenn sie in ernsthafte Schwierigkeiten geraten war. Selbst dann sagte ich ihr das Wort nicht, sondern regte nur an, wie sie es herausfinden könnte. Wenn sie dem Wort schon vorher begegnet war, erinnerte ich sie daran. Wenn sie Worte kannte, die sich darauf reimten oder die so ähnlich klangen, wie das unbekannte Wort, wies ich sie darauf hin. Wenn das Wort völlig neu zu sein schien und aufgrund des allgemeinen Zusammenhangs der Geschichte und der Bilder herauszufinden war, sagte ich ihr dies. Wenn sie es dann immer noch nicht herausbrachte, riet ich ihr, es zu übergehen und weiterzulesen, vielleicht wäre es das nächste Mal, wenn es wieder vorkomme, leichter herauszubringen. Meistens las sie weiter, aber wenn sie mich bat, ihr das Wort zu sagen, tat ich es.

Nach kurzer Zeit passierte etwas Seltsames. Nora las ein Wort falsch, das sie vorher richtig gelesen hatte. Das wiederholte sich mehrere Male. Ich wurde verwirrt und verärgert, genau wie in meinem Klassenzimmer, wenn Kinder Dinge vergaßen, die sie eigentlich gelernt hatten. Ich dachte: »Hat sie das Wort schon vergessen? Oder ist sie einfach achtlos, paßt nicht auf, gibt sich keine Mühe?« Das war es jedoch nicht; offensichtlich las sie so gut sie konnte und konzentrierte sich völlig auf das Buch. Wie konnte sie dann ein Wort auf einer Seite wissen und auf der nächsten Seite nicht? Es sah fast wie ein dummes Benehmen aus. Aber sie war sehr intelligent, machte mir nichts vor, versuchte nicht zu raten und auch nicht, mich für sie arbeiten zu lassen. Es war ein Rätsel.

Um zu verstehen, wie andere Menschen lernen, besonders Kinder, müssen wir versuchen, die Dinge mit ihren Augen zu sehen.

Das ist oft sehr schwierig. Es ist fast unmöglich, sich vorzustellen, wie es wäre, wenn man etwas nicht wüßte, was man in Wirklichkeit weiß. Als ich versuchte, dieses Buch mit Noras Augen zu sehen, wurde mir klar, daß für jemanden, der nicht lesen kann und nicht mit Gedrucktem vertraut ist, alle Worte wie lustig verschlungene Gestalten aussehen, die sich alle mehr oder weniger ähnlich sehen. Wir meinen, es sollte leicht sein, von einer Seite bis zur nächsten zu behalten, wie ein bestimmtes Wort aussieht. Aber wir kennen das Wort. Für ein Kind, das dieses Wort eben zum ersten Male sah, ist es nicht leicht, sondern schwierig. Es ist nicht leicht zu sagen, welche Worte auf einer Seite gleich sind oder fast gleich; und wenn sie verschieden sind, worin dann der Unterschied besteht. Wir Lesekundigen sehen mit dem Auge des Sachverständigen den entscheidenden Unterschied; das Kind sieht ihn nicht.

Dann tauchte in meinem Gedächtnis plötzlich die Erinnerung an ein Ereignis auf, das einige Jahre zurücklag und das ich völlig vergessen hatte. Als ich noch die fünfte Klasse unterrichtete, lief mir die Anzeige einer englischen Computerfirma über den Weg, die Schriften für viele orientalische Sprachen herstellte. Ich ließ mir einige Druckmuster in mehreren dieser Sprachen zusenden. Ich dachte, Kinder würden sich dafür interessieren, wie Alphabete und Schriften in anderen Sprachen aussähen. Sie waren nicht daran interessiert; dafür war ich es um so mehr, da mich schon damals die Schwierigkeiten der Kinder beim Lesenlernen sehr stark beschäftigten. Eines Tages nahm ich mir ein Blatt in irgendeiner indischen Schrift vor und versuchte, diejenigen Worte zu finden, die am häufigsten auf der Seite vorkamen. Es war erstaunlich schwierig. Zuerst kam mir die Seite wie ein Wirrwarr seltsamer Formen vor. Selbst wenn ich mich auf ein kurzes, häufiges Wort konzentrierte, dauerte es lange, bis ich dieses Wort beim Anblick erkannte und zwischen anderen auffinden konnte. Oft ging ich genau darüber hinweg, ohne es zu bemerken.

Ebenso braucht ein Kind Zeit, um mit den Formen der Buchstaben und Worte vertraut zu werden, bis es so weit ist, daß es mit einem Blick erkennt, daß dieses Wort wie jenes aussieht, daß dies andere Wort fast so aussieht und jenes andere ganz verschieden ist. Deshalb müssen wir ihm viel Zeit lassen und uns nicht von etwas überraschen oder beunruhigen lassen, das wie Langsamkeit oder Dummheit aussieht.

Wenn ein Kind, das zwei Worte auf einer Seite lange anschaute, ohne zu bemerken, daß es die gleichen sind, plötzlich ausruft: »Oh, jetzt sehe ich es, sie sind die gleichen!«, so sollten wir nicht denken, daß dies eine triviale Leistung war. Wir müssen einsehen, daß das Kind eine echte und bedeutende Entdeckung gemacht hat.

121

Einer der Gründe, warum Kinder aus unbelesenen Familien so benachteiligt sind, wenn sie anfangen, lesen zu lernen, könnte sein, daß ihnen diese Vertrautheit mit den Formen der Buchstaben und Worte fehlt. Dies könnte auch ein Grund sein, Kindern Zeit zu lassen, um sich an das Aussehen von Buchstaben und Worten zu gewöhnen und mit ihnen vertraut zu werden – vor jedem formalen Unterricht. Das wäre weiterhin, neben anderen, auch ein guter Grund, ein Kind selbst bestimmen zu lassen, wann es mit dem Lesen anfangen will.

Vor kurzem erzählte mir eine Lehrerin von ihrer Arbeit mit Sonderschülern, die nicht lesen konnten oder jedenfalls nicht lasen. Sie bemerkte im Laufe unserer Unterhaltung: »Wir haben Bücher in Hülle und Fülle in unserem Klassenzimmer, und sie werden gerne gebraucht. Aber sie lesen sie nicht; sie wenden immer nur die Seiten und betrachten sie. Wie bring' ich sie nur dazu, darin zu *lesen*?« Ich machte ein oder zwei Vorschläge, die mir damals hilfreich erschienen. Erst später wurde mir klar, daß dieses planlose Betrachten eines Buches für ein Kind, das kaum je vorher ein solches gesehen hat, ein vernünftiger und mit annähernder Gewißheit notwendiger erster Schritt auf dem Weg zum Lesen war. Bevor diese Kinder daran gehen konnten zu überlegen, wie bestimmte Buchstaben oder Gruppen von Buchstaben hießen, mußten sie sich mit dem Aussehen der Buchstaben im Allgemeinen bekannt machen, genauso wie ein Kind, das sprechen lernt, erst den Klang der Sprache kennenlernen muß. Die meisten Kinder, die zu lesen anfangen, sahen und betrachteten Buchstaben schon längere Zeit. Dies ist die Erfahrung, die jene weniger glücklichen Kinder noch nachholen müssen.

Es gibt einen anderen, vielleicht wichtigeren Grund dafür, warum ein Kind auf Seite 6 vergessen haben könnte, was es auf Seite 5 zu wissen schien. Wir haben uns so sehr an das Gefühl gewöhnt zu wissen, was wir wissen oder glauben zu wissen, daß wir vergessen, wie es ist, wenn man etwas Neues und Unbekanntes lernt. Wir neigen dazu, die Welt der Tatsachen und Ideen in zwei Klassen einzuteilen: in Dinge, die wir wissen, und Dinge, die wir nicht wissen. Wir nehmen an, daß jedes Ereignis sofort von »nicht-gewußt« in »gewußt« übergeht. Wir vergessen dabei, wie unsicher wir mit Dingen umgehen, die wir eben erst kennengelernt haben – und seien es so simple Dinge wie ein Name oder eine Telefonnummer. Deshalb verstehen wir nicht, warum ein Kind, das das IHM auf Seite 5 richtig als »ihm« las, nun das IHM auf Seite 6 als etwas anderes lesen sollte.

Wenn ein Kind herausfindet, daß das IHM auf Seite 5 »ihm« heißt, muß es dies noch lange nicht in dem Sinne wissen, in dem wir etwas wissen. Es ist sich darin noch nicht sicher, daß es wirklich so ist. Es hat aus Gründen, die ihm nicht bewußt sein mögen und die es bestimmt nicht in Worten ausdrücken könnte, einen Gedankenblitz, eine Eingebung, daß dieses Wort »ihm« heißt. Es probiert die Eingebung aus, und sie paßt. Aber daß eine Eingebung einmal stimmte, bedeutet für ein Kind nicht, daß es sich das nächste Mal darauf verlassen kann. Ja, es könnte ihm das nächste Mal gar nicht die gleiche Vermutung kommen. Es könnte meinen, IHM sei ein anderes Wort. Es muß viele Male die richtige Vermutung haben, sie ausprobieren und sehen, daß sie sich bewährt, bevor es ein sicheres Gefühl dafür bekommt. Jedesmal, wenn die Vermutung stimmt, wird sie verstärkt und sicherer; es dauert jedoch lange Zeit – bei manchen Kindern länger als bei anderen –, bis daraus das wird, was wir als gefestigtes Wissen bezeichnen.

Wenn Kinder in der Schule ständig etwas verges-
sen, dann möglicherweise nicht deswegen, weil
sie ein schlechtes Gedächtnis haben, sondern
weil sie ihrem Gedächtnis so wenig vertrauen.
Selbst wenn sie recht haben, fühlen sie sich so,
als ob sie das Falsche täten. Sie gehen nie so
weit, für ihre eigenen Vermutungen so einzuste-
hen, als seien sie davon überzeugt, daß es sich so
verhielte. Beim Unterricht mit Kindern, die
schwach im Rechtschreiben waren, fand ich
zum Beispiel oft, daß ihr erster Impuls, wie ein
Wort zu schreiben sei, richtig war. Aber sie ver-
trauen diesem Impuls nicht. Sie denken: »Das
muß falsch sein« und versuchen eine andere
Schreibweise des Wortes zu finden, was auf
etwas hinausläuft, was falsch ist und ihr Selbst-
vertrauen noch weiter untergräbt.

Deshalb widerstand ich der Versuchung, die Fehler zu verbessern, die Nora während ihres Lesens machte, oder auch nur auf sie hinzuweisen. Das hätte sie nur nervös und ängstlich gemacht. Sie wäre zu scheu geworden, ihre Ideen auszuprobieren und hätte sich statt dessen darauf konzentriert, wie sie am besten die richtigen Antworten aus mir herausbekommen könnte. Niemand, auch nicht unter Erwachsenen, liebt es, verbessert zu werden. Uns fehlt das Selbstvertrauen, mit dem Sam Johnson einmal auf die Frage einer Dame antwortete, wie es möglich sei, daß er irgendwo ein Wort falsch geschrieben hätte: »Aus purer Unkenntnis, Madame.« Wenig Erwachsene und noch weniger Kinder ertragen eine Korrektur mit solcher Unbefangenheit; die meisten empfinden sie als schweren und schmerzlichen Schlag gegen ihr unsicheres Selbstwertgefühl.

Bald fand ich aber zu meiner großen Überraschung, daß es einen weit wichtigeren Grund gab, Nora nicht auf ihre Fehler hinzuweisen.

Allein gelassen, ohne Hast, ohne Druck und nicht eingeschüchtert, gelang es ihr, die meisten Fehler selbst zu finden und zu korrigieren.

Es ist hochinteressant dabeizusein, wenn sie dies tut. Wenn sie einen Fehler machte, so bemerkte sie ihn zuerst fast gar nicht. Aber während sie weiter las, spürte ich, wie sich in ihr ein unbehagliches Gefühl ausbreitete, als sei etwas schiefgegangen, als hätte sie irgendwo etwas Unsinniges gesagt, etwas, was nicht mehr mit anderen Dingen übereinstimmte, die sie inzwischen gelesen hatte. Nehmen wir an, sie hätte auf einer Seite IHM fälschlicherweise als »Tim« gelesen. Damit mag sie zunächst zufrieden gewesen sein. Aber dann, auf der nächsten Seite, fand sie vielleicht etwas, was sich mit jener ersten Lesart nicht vertrug. Sie könnte IHM in einem Zusammenhang gefunden haben, in dem es nicht »Tim« bedeuten kann. Oder sie könnte TIM begegnet sein und es richtig gelesen haben. Oder stieß auf einige andere Worte mit »i« oder »m«. Wie auch immer, sie fing an zu begreifen, daß etwas auf einer früheren Seite nicht ganz gestimmt hatte. Zuerst versuchte sie, diese Ahnung zu ignorieren. Sie wollte nicht zurückgehen; sie wollte vorwärtskommen und das Buch zu Ende lesen. Aber das Bewußtsein, daß etwas nicht in Ordnung war, ließ ihr keine Ruhe. Es

belästigte sie wie ein Stein im Schuh. Schließlich, nachdem sie sich lange genug unruhig hin und her gewunden
hatte, blätterte sie irritiert zurück, um herauszufinden,
was sie falsch gemacht hatte. Meistens fand sie ihren
Fehler und verbesserte ihn.

So geschah es oft. Nicht immer; einige Fehler bemerkte sie nie, sei es, daß nichts im unmittelbar folgenden
Text sie darauf hinwies, sei es, daß der Text sie so in Anspruch nahm, daß sie sich durch nichts ablenken ließ.
Aber die meisten Fehler erwischte sie. Sie hatte wie viele
oder sogar die meisten Kinder ein starkes Verlangen, alle
Dinge in vernünftiger Übereinstimmung zueinander zu
sehen. Und nicht nur das: sie hatte die Fähigkeit, wenn
etwas nicht zusammenpaßte, herauszufinden, wo der
Fehler steckte und die Dinge in Ordnung zu bringen.

*Bei dieser Fähigkeit der Kinder, sich ihrer Fehler
bewußt zu werden, sie zu finden und zu korrigieren, muß man im Gedächtnis behalten, daß
sie dazu Zeit brauchen und daß es unter Druck
und Furcht nicht geht. In der Schule lassen wir
ihnen fast nie Zeit dazu.*

Wenn ein Kind zum Beispiel beim Vorlesen in der Klasse
einen Fehler macht, erhält es von seiner Umgebung sofort ein Signal. Vielleicht fangen einige Kinder in der
Klasse an zu kichern, halten die Hand vor den Mund
oder schneiden Gesichter oder geben Handzeichen – sie
tun alles, was dem Lehrer zeigen könnte, daß sie mehr
wissen, als der Unglückliche, der vorliest. Vielleicht verbessert der Lehrer auch selbst den Fehler oder sagt: »Bist
du dir sicher?« oder fragt einen anderen Schüler: »Was
meinst du?« Vielleicht ist der Lehrer mitfühlend und

freundlich, wie es viele sind, und setzt nur ein süßes und trauriges Lächeln auf. Aus der Sicht des Kindes ist das eine der strengsten Bestrafungen, die die Schule bereithält, denn sie zeigt ihm an, daß es den Lehrer gekränkt und enttäuscht hat. Und das wiegt deshalb so schwer, weil man es zur Abhängigkeit von der Unterstützung und Anerkennung des Lehrers erzogen hat. Wie dem auch sei, es geschieht etwas, das ihm nicht nur sagt, daß es etwas verkorkst hat, sondern daß auch alle Umsitzenden dies wissen. Wie fast jedermann, der in diese Situation kommt, wird es Scham und Verlegenheit empfinden, was schon ausreicht, um sein Denken zu lähmen. Aber selbst wenn es soviel Selbstvertrauen besitzt, um eine gewisse Geistesgegenwart angesichts dieses öffentlichen Versagens zu behalten, wird man ihm nicht genug Zeit lassen, seinen Fehler herauszufinden und zu verbessern. Denn Lehrer wollen nicht nur richtige Antworten, sie wollen sie auch sofort. Wenn ein Kind seinen Fehler nicht sofort verbessern kann, wird es jemand anders an seiner Stelle tun.

Die Folge ist eine große Einbuße. Je mehr ein Kind seinen Sinn für Folgerichtigkeit und sinnvolle Übereinstimmung zwischen den Dingen gebraucht, um seine eigenen Fehler zu finden und korrigieren, desto überzeugter wird es davon werden, daß seine Denkmethode funktioniert und desto besser wird es sich ihrer bedienen. Es spürt immer mehr, daß es tatsächlich – wenigstens sehr oft – selbst herausfinden kann, welche Antworten vernünftig sind und welche nicht.

Wenn wir es dagegen, wie gewöhnlich, auf alle seine Fehler hinweisen, sobald sie ihm passieren, und sie – was noch schlimmer ist – an seiner Stel-

le verbessern, wird sich seine Selbstprüfung und -korrektur nicht entwickeln, sondern allmählich versiegen. Es wird aufhören zu glauben, daß es dazu fähig sei, fähig war oder jemals dazu fähig sein könnte.

Es wird wie jene Fünftklässler werden, die ich hatte – unter ihnen viele »gute« Schüler –, die mir ihre Arbeiten zu bringen pflegten und fragten: »Ist es richtig?« Wenn ich dann sagte: »Was meinst du?«, schauten sie mich an, als sei ich verrückt. Was dachten *sie?* Was hatte das, was *sie* dachten, damit zu tun, was richtig war? Richtig war das, von dem der Lehrer sagte, es sei richtig, was immer das war. Vor nicht so langer Zeit hörte ich viel ältere Schüler, die ebenfalls talentiert und erfolgreich waren, genau das gleiche sagen. *Sie* konnten ihre eigene Arbeiten nicht beurteilen; das war den Lehrern vorbehalten.

Viele Kinder lernen das Lesen wie Scout Finch, die Heldin in Harper Lees »Wer die Nachtigall stört«. Sie lernte auf dem Schoße ihres Vaters sitzend, der ihr laut vorlas, während sie mit den Augen den Worten folgte. Nach einiger Zeit beschloß sie, sie wüßte nun eine Menge darüber und hätte, was die Lautlehre betrifft, genug Kenntnisse oder Einsicht, um anfangen zu können, die Worte herauszufinden. Ein Freund erzählte mir neulich, daß sein jüngerer Bruder genau das gleiche getan hatte, als er vier Jahre alt war. Als er eine gewisse Geschicklichkeit darin entwickelt hatte, das nächste Wort, das sein Vater oder seine Mutter lesen würde, zu erraten, versuchte er es im voraus vor sich hin zu sagen. Eines Tages hielt sein Vater im Lesen inne und hörte, wie der kleine Junge für sich weiter las, bis er bemerkte, daß man auf ihn aufmerksam wurde.

Ein Vater, den ich kenne, pflegte seiner Tochter, als sie etwa drei Jahre alt war, aus *Mother Goose* vorzulesen. Als sie vier Jahre alt war, kannte sie das Buch so gut, daß sie von jeder Seite, die man aufschlug, alle Verse fast Wort für Wort auswendig hersagen konnte. Das muß ihr eine große Hilfe gewesen sein, als sie sich bald darauf das Lesen beibrachte. Das Buch bot ihr einen Vorrat an Worten, aus dem sie schöpfen konnte, da sie diese alle schon erkannte. Mit Hilfe dieser Worte gewann sie ein erstes Verständnis für Phonetik, das ihr wiederum beim Herausfinden neuer Wörter half.

Vielen Kindern würde der Anfang des Lesens leichter gemacht, wenn ihre Eltern ihnen laut vorlesen. Jedoch sollte man darin auch kein Wundermittel sehen; wenn es nicht sowohl den Eltern wie dem Kinde Spaß macht, ist der Schaden größer als der Nutzen. Tommy hatte zumindest bis zum letzten Mal, da ich ihn sah, noch nie viel Interesse fürs Vorlesen gezeigt. Ich kaufte ihm einmal auf einer unserer Einkaufsexpeditionen in der Stadt ein Buch, das ich ihn selbst heraussuchen ließ. Es war eine aufregende Sache für ihn. Sobald wir zu Hause waren, bat er mich, ihm daraus vorzulesen. Er ließ keine Unterbrechung zu, bis ich das ganze Buch gelesen hatte und saß während der ganzen Zeit ruhig und ins Zuhören vertieft da, was für ihn ungewöhnlich war. Er bat mich aber nie mehr, es ihm wieder vorzulesen und zeigte auch kein besonderes Interesse daran, wenn ich ihm dies vorschlug. Zu jener Zeit interessierte er sich eben mehr für andere Dinge.

Aber auch Kinder, die es gerne haben, wenn man ihnen vorliest, verlieren das Interesse, wenn die Eltern es nicht gerne tun, wie es bei Danny einmal geschah. Eines Abends, kurz vorm Zubettgehen, bat er seine Mutter, ihm vorzulesen. Sie nahm ein Bilderbuch vom nächsten Bücherstapel und begann mit einem Seufzer – sie war müde. Das Buch war nicht besonders interessant, und sie hatte es schon viele Male vorher gelesen. Sie gab sich rechte Mühe, um es spannend erscheinen zu lassen, aber Kinder fühlen schnell unsere Stimmung, und Danny fing an, sich unruhig hin und herzuwinden. Das Vorlesen machte ihm keinen Spaß, weil es ihr keinen Spaß machte. Bald darauf sagte er, er wolle nichts mehr hören.

Es ist nicht falsch, einem Kind zu sagen, daß wir ein Buch nicht lesen wollen, wenn wir es nicht mögen oder des Lesens überdrüssig sind. Unser Lesen erfreut es viel mehr, wenn wir etwas lesen, was ihm und uns gefällt. Machen wir uns nichts vor: da wir wahrscheinlich aufgefordert werden, jedes Buch vorzulesen, das wir einem Kind kaufen, wird es besser sein, wenn wir uns vor dem Kauf vergewissern, daß uns die Bücher auch meistens gefallen.

> *Es wäre auch unbegründet zu meinen, wir müßten immer aus »einfachen« Büchern vorlesen, die Kinder »verstehen« können. Wenn wir etwas, was uns gefällt, mit Vergnügen und voller Ausdruck lesen, kann ein Kind daran sehr wohl Gefallen finden, und sei es nur für eine Weile, auch wenn es nicht alles versteht.*

Kinder hören ja auch gern zu, wenn Erwachsene miteinander sprechen, obwohl sie das meiste nicht verstehen können. Warum nicht auch beim Lesen? Als ich einmal Erstklässler unterrichtete, beschloß ich, den Versuch zu machen, ihnen etwas Schwierigeres vorzulesen als die einfachen Geschichten, an die sie gewöhnt waren. Meine Wahl fiel auf *»Die Odyssee für Jungen und Mädchen«* von A. J. Church – ein Buch, das ich als kleiner Junge sehr gerne hatte, das aber viele Lehrer für zu schwierig oder viel zu fortgeschritten halten würden. Diese Klasse hatte es aber sehr gerne und verlangte in den folgenden Tagen, daß ich noch mehr daraus vorlesen sollte.

Vor kurzer Zeit erzählte mir die Mutter eines **siebenjährigen** Jungen, der noch nicht lesen konnte, daß er sie gefragt hatte: »Warum soll ich lesen lernen, wenn ich all meine Bücher schon beim Anschauen der Bilder verstehe?« In Büchern für kleine Kinder, die mit dem Lesen anfangen, sind so wenig Worte und so viel Bilder enthalten, daß viele Kinder nicht mehr wissen, wo die Geschichte herkommt. Vielleicht glauben sie, die Geschichte sei im Bild und was wir lesen sei nur eine Geschichte über das Bild. Als ich noch klein war, enthielten Kinderbücher hauptsächlich Worte und nur wenig Bilder. Wir wußten, daß wir, um die Geschichte zu verstehen, die Worte lernen mußten. Die Erinnerung daran brachte mich auf folgende Idee: Ich nahm in den Raum der Kinderschule, in dem sich die **Dreijährigen** aufhielten, ein Buch, in dem überhaupt keine Bilder waren, setzte mich in eine Ecke und begann mit leiser Stimme darin zu lesen. Nach einer Weile bemerkten mich einige Kinder und hörten zu. Eins nach dem anderen kam herbei, um zu sehen, was ich las. Als sie in das Buch hineinschauten und keine Bilder sahen, waren sie zuerst erstaunt. Dann, als sie noch etwas länger zugesehen und -gehört hatten, begannen nicht wenige unter ihnen auf ein Wort zu deuten und zu fragen »Was heißt dies?« Ich sagte es ihnen.

Keins von ihnen blieb sehr lange – es war kein sehr interessantes Buch. Aber alle begriffen den Grundgedanken, der vielen von ihnen noch neu war, daß diese schwarzen Zeichen irgendwie etwas *bedeuteten*.

Von der Mutter Tommys, der sich noch vor einem Jahr sehr wenig für Bücher, Lesen oder gedruckte Worte interessierte, hörte ich jetzt, daß er sich sehr dafür interessiert, was diese gedruckten Worte bedeuten. Er möchte ständig wissen, was die Aufschriften auf Dosen, Flaschen und Haferflockenschachteln bedeuten. Große Worte hat er noch lieber als kleine, und es kommt ihm geheimnisvoll und aufregend vor, daß das Schild, das gestern *FRÜCHTE-COCKTAIL* besagte, dies heute auch noch tut, es *immer* tut.

> *Und es ist tatsächlich aufregend und geheimnisvoll, daß wir in der Schrift solche vergänglichen Dinge wie Gedanken und Gespräche aufheben und einfrieren können, so lange wir wollen.*

Ich weiß noch, wie ich das erste Mal entdeckte, daß ein geschriebenes Wort *etwas aussagte*. Das Wort hieß *WÄSCHEREI*. Ich war etwa vier, vielleicht etwas jünger. So jung, daß mir noch niemand erklärt hatte, daß Worte etwas bedeuteten. Wir lebten damals in New York City. Auf unseren Gängen durch die Straßen zum Park oder woandershin kamen wir an vielen Läden mit ihren Aushängeschildern vorbei. Die meisten dieser Zeichen enthielten nichts, aus dem ein Kind hätte schließen können, was sie bedeuteten; so stand zum Beispiel auf den Lebensmittelläden Gristede's, First National A & P, die Gemischtwarenläden hießen Rexall's, Ligett's und so weiter. Aber wo immer eine Wäscherei war, lautete das

Schild davor *WÄSCHEREI*. Zehnmal, zwanzigmal, hundertmal mußte ich das Schild gesehen haben und dann, darunter im Fenster, die Hemden und andere saubere Kleidungsstücke, die mir sagten, daß dies ein Ort war, wo Sachen gewaschen wurden. Doch dann ging mir eines Tages auf, daß es eine Verbindung zwischen den Buchstaben über dem Laden und den Hemden im Fenster gab und mit dem, was ich darüber wußte, was man im Laden tat. Ich verstand, daß jene Buchstaben über dem Laden mir mitteilten und dazu da waren, mir mitzuteilen, daß dies eine Wäscherei war, kurz, daß sie »*Wäscherei*« besagten.

Das ist alles, was ich noch davon weiß, wie ich mich das Lesen lehrte.

Jean war ein sehr intelligentes, waches und sprachgewandtes Kind, doch lernte sie in der ersten Klasse nicht zu lesen. Was ihre Eltern und wir von der Schule gar nicht verstanden, weil sie doch so intelligent war. Sie schien vor dem Lesen keine Angst zu haben; sie hatte es nicht versucht und hatte auch nicht dabei versagt; sie hatte es einfach nicht versucht. Da sich ihre Eltern außergewöhnlich verständig verhielten, machten sie davon kein Aufhebens und beunruhigten sich nicht und überredeten die Schule das gleiche zu tun und Jean in ihrer Klasse zu lassen. Am Ende des dritten Schuljahres las sie immer noch nicht, obwohl sie so lebendig, gewandt und neugierig war wie je. Die Schule besprach sich mit ihren Eltern, und man beschloß, sie vor eine Entscheidung zu stellen. Man wies sie darauf hin, daß in der vierten Klasse sehr viel gelesen würde, daß dort fast alles Lernen aus Büchern erfolgte und sich fast alle Gespräche um Bücher drehen würden. Es würde also sehr schwierig, langweilig und verwirrend für sie sein, wenn sie nicht las. Wollte sie trotzdem bei ihrer Klasse bleiben oder statt dessen noch ein Jahr in der dritten Klasse bleiben, um aufzuholen? Jean dachte eine Weile darüber nach und sagte dann, sie wolle lieber bei ihrer Klasse bleiben. Im folgenden Winter las sie so gut wie ihre intelligentesten und besten Klassenkameraden.

Hier ist der Brief einer Mutter. Ihr Junge besucht eine jener Schulen, in denen der Unterrichtsbesuch den Kindern nicht als Pflicht auferlegt ist. Sie lernen, wann sie wollen und was sie wollen, erhalten aber Hilfe von den Erwachsenen, die bei ihnen sind, wenn sie danach verlangen. Der Junge, der große Schwierigkeiten in seiner herkömmlichen Schule gehabt hatte, wechselte zu dieser Schule über, als er sieben war. Zwei Jahre später schrieb seine Mutter:

... (er) besuchte bis vor etwa einem Monat nicht eine einzige Unterrichtsstunde ... doch die Leistungsquerschnittstests und IQ Tests zeigen, daß er im Lesen auf dem Niveau der zehnten Klasse, in Mathematik auf dem Niveau der neunten Klasse steht und seine Arbeiten im Gebiet der Elektronik und einigen anderen Gebieten, die an öffentlichen Schulen nicht behandelt werden, erreichen Schwierigkeitsstufen des Gymnasiums ...

Die Beschäftigung mit der Elektronik deutet darauf hin, wie er diese unmöglich scheinenden Dinge vollbracht haben kann: Es gibt keine Elektrohandbücher, -texte oder -lehrbücher, die für so junge Kinder geschrieben wären. Wer eines gebrauchen will, muß Worte wie »Widerstand«, Kondensator«, »Potentiometer« etc. lesen können. Zweifellos mußte der Junge dazu zuerst fremde Hilfe in Anspruch nehmen; aber indem er lernte, die elementaren Ausdrücke der Elektronik zu lesen, verschaffte er sich eine ausreichende Kenntnis der Buchstaben und Laute, um beliebige Worte lesen zu können. Um elektronische Arbeiten auszuführen, muß man außerdem im Rechnen bis zur Dezimalbruchrechnung vorgedrungen sein, so daß er sich auch diese Kenntnisse selbst angeeignet haben mußte, zusammen mit einer Menge an Wissen über Elektrizität und elektrische Stromkreise.

Stundentafeln! Wir tun so, als ob Kinder sich wie die Züge nach Fahrplänen richten würden. Der Eisenbahner rechnet sich aus, daß sein Zug, soll er in Chicago zu einer bestimmten Zeit eintreffen, auf jeder Station unterwegs pünktlich ankommen muß. Wenn der Zug zehn Minuten zu spät in eine Station einläuft, fängt er an, sich zu beunruhigen. Genauso verhalten wir uns, wenn wir sagen, daß ein Kind so und soviel wissen muß, wenn es aufs Gymnasium kommt, dann so und soviel am Ende dieses Jahres und soviel am Ende jenes Jahres. Wenn ein Kind nicht zu der von uns festgesetzten Zeit eine jener Zwischenstationen erreicht, nehmen wir sofort an, es werde die Schule später abschließen.

> *Aber Kinder sind keine Eisenbahnzüge. Sie lernen nicht mit gleichbleibender Geschwindigkeit. Sie lernen in kurzen Spurten, und je mehr sie sich für das interessieren, was sie lernen, um so schneller sind diese Spurte gewöhnlich.*

Damit will ich nicht sagen, daß alle Kinder, die man für sich selbst lernen läßt, etwas finden würden, das sie so stark interessierte, wie sich der besagte Junge für Elektronik interessierte. Sondern daß Kinder so viel schneller und wirksamer lernen, als wenn wir sie unterrichteten, wenn sie auf ihre Art und aus eigenem Antrieb lernen; daß wir es uns *wirklich* leisten können, unsere Lehr- und Stundenpläne wegzuwerfen und die Kinder die meiste Zeit über für sich lernen lassen.

Nirgends ist unsere Versessenheit auf Stundenpläne unnötiger und törichter als im Lesen.

Wir machen uns zu viel aus den Schwierigkeiten, die beim Lesenlernen auftauchen. Lehrer mögen hier einwenden: »Aber Lesen muß so schwierig sein, sonst würden nicht so viele Kinder sich darin schwer tun.« Ich behaupte, das ist deswegen so, *weil* wir annehmen, es sei so schwierig, daß viele Kinder sich darin schwer tun werden. Unsere Sorgen und Ängste und die lächerlichen Dinge, die wir tun, um die einfachsten Sachverhalte zu »vereinfachen«, *verursachen* erst die meisten Schwierigkeiten.

Wie schwierig ist es eigentlich, lesen zu lernen? Welches Wissen, welche Zusammenhänge müssen erlernt und verstanden werden, um es zu können? Wie viele Worte kennt ein Kind im Durchschnitt, wenn es in die Schule eintritt? Fünftausend oder mehr. Und sehr viele dieser Worte haben mehr als nur eine Bedeutung, wie ein kurzer Blick in das Lexikon zeigt, so daß das Kind weit mehr als fünftausend Wortbedeutungen kennt. Und das ist nicht alles. Es kennt einen großen Teil der enormen Anzahl Redewendungen, die dem Fremden soviel Mühe machen. Darüber hinaus kennt es fast die ganze Grammatik unserer Sprache. Obwohl es die Bezeichnungen nicht kennt, gibt es kaum eine sprachliche Konstruktion, die es nicht kennt oder beim Sprechen nicht verwenden könnte. Und das gleiche gilt für Kinder in Ländern, deren Grammatik noch viel komplizierter ist als unsere. Kinder auf der ganzen Erde eignen sich dieses außerordentliche Maß an Wissen an, das meiste ganz allein ohne irgendwelchen Formalunterricht, wie ich es oben beschrieben habe. Verglichen mit dieser Leistung, sind die Anforderungen beim Lesenlernen sehr gering. Gewiß ist es nicht über Nacht zu schaffen; aber es verdient auch nicht, daß wir uns seinetwegen so große Sorgen bereiten. Alles, was unser Unterricht, unsere Bedenken und die Vereinfachungen erreichen, läßt Kindern das Lesen hundertmal schwerer erscheinen, als es nötig wäre.

Als ich nach Europa fuhr, um mein lange vergessenes Schulfranzösisch wieder aufzufrischen und Italienisch von Anfang an zu lernen, fand ich willkommene Hilfe in Schildern und Hinweiszeichen. Die meisten europäischen Geschäfte hatten, wenigstens noch in jenen Tagen, Schilder über dem Eingang, auf denen stand, welche Art von Geschäft es war. Das machte es mir leicht, die Worte selbst zu lernen. Außerdem gab es andere hilfreiche Zeichen wie Eingang, Ausgang, Herren, Damen, Telefon, Parken verboten, Haltestelle, Benzin, Restaurant und so weiter. Das brachte mich später auf die Idee, daß es Kindern helfen könnte, einen gewissen Vorrat an Wörtern aufzubauen, wenn sie zu Hause von vielen solchen Schildern umgeben wären. Mir schwebte vor, aus Karten im Postkartenformat Schilder mit Bezeichnungen wie Türe, Fenster, Ausguß, Stuhl, Tisch, Treppen, Lichtschalter anzufertigen und sie an den entsprechenden Stellen anzubringen. Ich schlug dies einer Bekannten, die einige kleine Kinder hatte, vor. Sie lachte und sagte: »Das ältere würde sie einfach herunterreißen, und das kleinere würde sie aufessen.« Das versetzte mir einen kleinen Rückschlag. Aber später, als Lisa vier war, und noch einmal als sie fünf war, fertigte ich einige dieser Schilder an und legte sie im Hause aus. Zuerst schienen sie kein besonderes Interesse bei ihr zu wecken, obgleich sie sie betrachtete und vielleicht etwas von ihnen lernte. Als sie etwas älter war, war sie sehr wohl dafür zu haben und wollte einige selbst machen.

Als Tommy **vier Jahre alt war**, beschloß ich, einige Schilder für ihn zu basteln. Zu jener Zeit war ich zu der Meinung gekommen, es sei auf lange Sicht besser für ihn, wenn ich auf jedes Schild mehr als ein Wort schrieb, d. h. zum Beispiel: Dies ist eine Lampe, ein Kleiderschrank, dies ist eine Waschmaschine. Obwohl es am Anfang schwieriger sein würde, herauszufinden und zu behalten, was auf jeder Karte stand, würde er so von einem größeren Vorrat an Zeichen ausgehen können, um die Worte »dies«, »ein« und so fort herauszubekommen. Die Idee begeisterte ihn sehr; er beobachtete mich beim Schreiben der Karten, folgte mir überall hin, als ich sie aufstellte und fragte mich über sie aus. Da ich dem Vorbild Sylvia Ashton Warners folgte, sagte ich ihm, ich würde ihm ein Schild mit einer beliebigen Aufschrift, die ihm gefiel, herstellen. Er benahm sich ähnlich jenen älteren Kindern, die im Alter zwischen neun und zehn großen Spaß daran haben, ihre Zimmertüren mit Warnungen zu versehen, das Eintreten in das Zimmer habe die gräßlichsten Strafen bis zur Todesstrafe zur Folge. Wir hatten für ihn im Garten ein Zelt zum Spielen aufgebaut, und so bat er sofort um ein Schild, auf dem stand: »Nicht in dieses Zelt eintreten!« Ich malte es, und er hing es auf.

Dann wollte *er* Schilder machen. Ich sagte: »Schön!« und gab ihm einige Karten und einen Filzschreiber. Ich hatte eine entfernte Hoffnung, er würde darangehen, einige der Worte zu kopieren, die ich geschrieben hatte oder wenigstens einige meiner Worte verwenden. Aber so sah er es nicht. Seiner Auffassung nach überlegte man sich etwas, was man sagen wollte, malte einige Zeichen auf eine Karte, und fertig war das Schild. Welche Zeichen man verwendete, war unwichtig. Seine sahen hauptsächlich wie grobe O's und U's aus. Er stürzte sich auf seine Arbeit und hatte bald seine Schilder in der ganzen Wohnung aufgestellt, gewöhnlich neben den meinen.

Hierauf machte ich einen Fehler, der zeigt, daß ich noch immer für enge und vermeintlich wirksame Lehrmethoden anfällig bin. Ich bekam allmählich den Eindruck, daß Tommy so sehr vom Schilderherstellen in Anspruch genommen wurde, daß er sich nicht dafür interessierte, meine »echten« Schilder anzusehen oder zu kopieren. Und so war es auch; der Zweck des Unternehmens bestand seiner Meinung nach darin, überall Karten anzuheften, auf denen irgendwelche Zeichen waren. Woraus ich schloß, daß diese Tätigkeit nicht sehr nutzbringend sei, er noch zu jung dafür und überhaupt nichts dabei lernte. Ich hörte auf, neue Schilder zu fabrizieren und legte die Karten und den Filzschreiber beiseite. Nach einer Weile – und das war wohl das Dümmste, was ich tun konnte – fing ich an, seine Schilder wieder abzunehmen, während ich meine beließ. Ich dachte, warum ihn verwirren, warum nicht einfach die Schilder mit den richtigen Buchstaben oben lassen? Erst später kam ich auf den Gedanken, daß es für ihn gewinnbringend gewesen wäre, selbst herauszufinden, daß meine Schilder von den seinen verschieden waren. Das hätte ihn dahin führen können zu erkennen, worin sich unsere Schilder unterschieden.

Erst später kam ich auf die Idee, daß das, was er beim Schilderschreiben entdeckte, ja das Wichtigste war, was er entdecken konnte – daß Schreiben eine Möglichkeit ist, Gedanken auszudrücken; eine Art magischer, schweigender Sprache. Was machte es schon aus, daß ich seinen Zeichen nicht entnehmen konnte, was er damit auszudrücken versuchte? Was zählte, war, daß er wirklich meinte, etwas zu sagen. Es ist diese Idee des Schreibens, die so vielen Kindern in der Schule entgeht, so daß sie im Schreiben wie im Lesen so tot, künstlich und unpersönlich wirken.

Wenn sie vom Anbeginn an im Schreiben eine Möglichkeit, sich auszudrücken sehen könnten, und im Lesen ein Erfahren dessen, was andere sagen, würden sie im Lesen und Schreiben mit viel mehr Eifer und Interesse bei der Sache sein.

Ich sehe es jetzt so, daß sich Tommys erstes Schilder-Schreiben zum Schreiben verhält wie das Babbeln eines Kleinkindes zur Sprache. Ich hätte ihn ermutigen sollen, im Schreiben weiter zu babbeln. Er hätte gewiß nach einiger Zeit angefangen zu überlegen, wie sein Geschreibsel dem Schreiben anderer ähnlicher gemacht werden könnte. Außerdem hätte man ihn leicht – auf taktvolle Weise – darauf aufmerksam machen können, daß viele Leute die konventionelle Schrift lesen konnten, während er der einzige war, der seine eigene Schrift lesen konnte. Mit der Zeit wäre es ihm dann wünschenswert erschienen, so zu schreiben, daß jedermann es lesen konnte.

Wir gehen hier wie bei vielen anderen Dingen in der verkehrten Reihenfolge vor. In unserem Denkschema erwirbt man zuerst eine Fertigkeit und findet nachher nützliche und interessante Anwendungen dafür. Vernünftiger und besser ist jedoch, mit etwas zu beginnen, das sich lohnt, und dann, getrieben von dem starken Wunsch, es auch auszuführen, die notwendigen Fertigkeiten zu erwerben. Wenn wir Kindern von Anfang an ein Verständnis dafür vermitteln, daß wir im Schreiben und Lesen zu anderen Menschen sprechen und uns von ihnen ansprechen lassen, dann brauchen wir ihnen das Erlernen dieser Fähigkeiten nicht mit Ködern schmackhaft machen oder sie auf dem Wege dahin zu gängeln. Sie werden sie um der Dinge willen begehren, die sie mit ihnen anfangen können.

Ich kenne eine Anzahl von Schulen – und es mag ihrer noch mehrere geben, von denen ich nicht gehört habe –, in denen es keine, wie auch immer geartete, Versionen des Formalunterrichts im Lesen gibt; und doch lernen die Kinder in ihnen genauso gut lesen wie in herkömmlichen Schulen. Die Klassen sind groß; auf einen Lehrer kommen 40 Kinder. Es sind auch keine besonders ausgewählten Kinder, sie haben einen durchschnittlichen Intelligenzquotienten, und viele von ihnen haben ein Zuhause, wo wenig gelesen wird. Wie lernen diese Kinder? Warum lernen sie? Wie geht es dort zu?

In den meisten dieser Schulen werden die fünfjährigen Neulinge, die noch nicht lesen können, in Klassen mit sechs- und siebenjährigen eingeteilt, die schon lesen können. Damit erledigt sich das sogenannte Motivationsproblem im großen ganzen von selbst. Kleine Kinder möchten gerne das gleiche tun und tun können wie die Größeren.

Außerdem gibt es in den Klassenzimmern viele verschiedene Arten von Lernmaterialien, die die Kinder zum Lesen und Lesenlernen gebrauchen können. Da gibt es Bücher; Bilder mit erklärenden Unterschriften; Bilder, die von Kindern gemalt und erläutert sind; von Kindern geschriebene und illustrierte Erzählungen; Sammlungen sich reimender Worte und dergleichen mehr; kurz eine solche Vielfalt von Stoffen, daß jedes Kind einen geeigneten Ansatzpunkt finden kann, um seine Entdekkungen zu machen. Wer Fragen hat und Hilfe braucht, kann sich von Älteren oder von Lehrern beraten lassen, wann immer er es für richtig hält.

In einigen der Klassen, die ich besuchte, machten die Lehrer phantasievolle Versuche mit der Anwendung von Tonbandgeräten. Ich habe schon beschrieben, wie förderlich es für viele Kinder ist, jemandem zuzuhören, der ihnen eine Geschichte laut vorliest, und dabei den Text im Buch zu verfolgen. Bei 40 Kindern kann ein Lehrer dies nicht mehr selbst tun. Man diktierte daher eine Anzahl von Büchern, die den Schülern zur Verfügung standen, auf Band. Oft sah ich drei, vier, manchmal bis zu sechs Kinder an einem Tisch sitzen und über Kopfhörer einer Geschichte zuzuhören, während sie dabei im aufgeschlagenen Buch auf ihrem Tisch den Text mitlasen. Hiervon könnte man vieles übernehmen, vielleicht auch ergänzen und verbessern.

Sport

»Im Sport sehen wir deutlich, wieviel ein Kind lernen kann, ohne daß es ihm jemand beibringt.«

Heute nahmen wir Tommy mit ins Freibad; es war unser erster Ausflug in diesem Jahr. Gleich zu Anfang passierte ihm etwas, was auf die meisten Kinder seines Alters entmutigend gewirkt hätte. Er stand auf den ersten beiden Treppenstufen des Beckens, die in das niedrige Wasser führten. Das war genau so weit, wie er zu gehen bereit und willens war; mein Angebot, ihn zu einem »Ritt« durchs Wasser mitzunehmen, hatte er abgelehnt. Statt dessen hielt er sich um die Stufen herum auf, schaute das Wasser an und befühlte es mit den Händen. Doch plötzlich trat er daneben und fiel kopfüber ins Wasser. Seine ältere Schwester, die aus der Nähe zugeschaut hatte, zog ihn fast im selben Augenblick wieder heraus. Er keuchte und prustete, schien aber nicht sichtlich erschrocken zu sein. Nachdem er kurze Zeit außen geblieben war, um sich zu beruhigen und frischen Atem und Mut zu schöpfen, ging er wieder hinein. Diesmal bat er mich um den Ritt, den er vorher abgelehnt hatte. Ich hielt ihn mit den Armen an mich und ging ein wenig im Wasser umher, das ihm bis zur Hüfte reichte. Er klammerte sich fest an mich und hielt sich dabei wie Babys mit Armen und Beinen fest. Einige wenige Male beugte ich mich so weit herunter, daß das Wasser bis zu seinen Schultern kam; da er es aber nicht sehr gerne hatte, tat ich es nicht oft. Er lockerte seine Umklammerung während der ganzen Zeit, die wir im Wasser verbrachten, nicht ein einziges Mal und wollte bald wieder zu den Treppenstufen zurück. An diesem Tag verlangte er nichts anderes mehr zu tun.

Heute ging Tommy viel bereitwilliger ins Wasser. Er klammerte sich bei seinem ersten Ritt nicht mehr so fest an und hatte nichts dagegen, daß das Wasser manchmal bis zu seinen Schultern kam, sondern hatte eher Spaß daran. Nach einer Weile dachte ich, es sollte möglich sein, daß ich ihn hielt, ohne daß er sich an mir festhielt. Vorsichtig lockerte ich den Griff seiner Beine. Er leistete dem keinen Widerstand und schien es angenehm zu empfinden, sie frei im Wasser bewegen zu können. Dann löste ich allmählich seine Arme, die er um meinen Hals geschlungen hatte. Er hielt sich nun nur noch an meinen Armen fest, während ich ihn um die Hüften gefaßt hielt. Auf diese Weise konnte ich ihn ungefähr in Schwimmhaltung durchs Wasser ziehen. Ich wartete wieder kurze Zeit und forderte ihn dann auf, mit den Beinen zu stoßen, wobei ich seine Beine bewegte, um zu zeigen, was ich meinte. Es schien ihm zu gefallen, denn er machte sofort kräftige Schwimmbewegungen. Von Zeit zu Zeit konnte ich ihn dazu bringen, auch meine Arme loszulassen, so daß sich seine Hände frei im Wasser bewegen konnten. Ein- oder zweimal paddelte er sogar regelrecht allein.

Tommy machte nicht ununterbrochen Fortschritte bei der Erforschung des ungewohnten Elements. Der

Mut und die Zuversicht kleiner Kinder sind Schwankungen unterworfen – und das ist nicht nur bei ihnen so. Wie schnell die Hoch- und Tiefpunkte bei ihnen aufeinander folgen, sehen wir am lebhaftesten, wenn wir kleine Zweijährige beobachten, die mit ihrer Mutter spazierengehen oder im Park spielen.

Vor nicht langer Zeit beobachtete ich in einem Park folgende Szene: Mehrere Mütter saßen plaudernd auf einer Bank, während die Kinder in der Nähe herumtollten und so mutig und unabhängig auf Entdeckungen ausgingen, als seien ihre Mütter gar nicht da. Doch irgendwann hatten sie regelmäßig ihren Vorrat an Mut und Selbstvertrauen aufgebraucht und rannten zurück an die Seite ihrer Mütter, an die sie sich eine Zeitlang anhängten, als müßten sie ihre verbrauchten Batterien wieder aufladen. Nach einer oder zwei Minuten waren sie zu neuen Erkundungen bereit, verschwanden wieder, kamen dann wieder zurück, usw.

Wie diese Kinder, so hatte auch der kleine Tommy im Schwimmbecken seine Zeiten des Erforschens und seine Zeiten des Rückzugs und der Sammlung. Manchmal konnte ich ihn durchs Wasser führen, und er bewegte Arme und Beine frei im Wasser, paddelnd und stoßend, während er zu anderen Zeiten sich wieder fest an mich heranzog, mich umklammerte und mir dadurch zu verstehen gab, daß er wieder so wie am Anfang gehalten werden wollte. Es kam sogar vor, daß er mich bat, zu den Stufen zurückzugehen oder auch ganz aus dem Becken herauszugehen. Nach wenigen Minuten war er wieder im Wasser und zu neuen Abenteuern bereit.

Gelegentlich beobachtete ich Eltern, die versuchten, ihren noch sehr kleinen Kindern das Schwimmen beizubringen. Sie erreichen gewöhnlich nicht sehr viel, weil sie meistens kein Gefühl für die Stimmungsschwankungen ihrer Kinder haben. Bemerken sie nichts, oder wollen sie nichts bemerken? Vielleicht meinen sie, die Gefühle eines Kindes seien deshalb so unbedeutend, weil man sich so leicht über sie hinwegsetzen kann. Die Skala der Mittel reicht von der Ermutigung und der Ermahnung bis zu Drohungen und Zornesausbrüchen. Wahrscheinlicher ist aber, daß jene Leute deshalb nicht viel von den Gefühlen eines Kindes bemerken, weil sie ihnen gleichgültig sind. Auf jeden Fall verlieren diese Möchtegern-Lehrer eine Menge auch dann, wenn sie nicht völlig scheitern.

> *Denn ein Kind, dem man erlaubt, in sein früheres Baby-Dasein zurückzufallen, um neuen Mut und Zuversicht zu schöpfen, wird viel schneller in das Unbekannte vorstoßen, als unter dem Druck, unter den wir Erwachsenen es gerne setzen.*

Allerdings war Tommy auch in anderer Hinsicht schon immer ein sehr mutiges und abenteuerlustiges Kind. Auch bei noch so bedachter und rücksichtsvoller Erziehung werden nur wenige Kinder so rasche Fortschritte machen wie er. Das Prinzip bleibt dennoch richtig. Wenn wir ein Kind ständig zwingen, etwas zu tun, wovor es Angst hat, so wird es immer scheuer werden und seinen Verstand und seine Energie nicht mehr zur Erforschung des Unbekannten verwenden, sondern dazu, Wege zu finden, auf denen es unserem Druck ausweichen kann. Auf der anderen Seite kann man sagen, daß ein Kind fast mit Sicherheit immer mutiger wird, wenn wir seinen Mut nicht über Gebühr beanspruchen.

Tommys Schwester Lisa war zum Beispiel viel ängstlicher als er. Als sie zum ersten Mal im Schwimmbad war, tat sie nichts anderes, als auf der obersten Stufe sitzend mit den Füßen im Wasser zu plätschern. Ihr Gesichtsausdruck und ihre ganze Art, sich zu bewegen, wiesen darauf hin, daß sie selbst dies für eine gefährliche Angelegenheit hielt. Es dauerte Wochen, bis sie sich bis zur Hüfthöhe ins Wasser wagte oder sich von einem von uns zu einem Ritt ins Wasser mitnehmen ließ. Und erst im folgenden Sommer ließ sie sich durchs Wasser tragen, ohne sich mit den Armen festzuklammern. Aber wir respektieren ihre natürliche Ängstlichkeit und Vorsicht. Die Folge war, daß sie versuchte, ihre Ängste zu beherrschen, was ihr schließlich gelang. Inzwischen ist sie sechs Jahre alt und eine furchtlose Skiläuferin, die schwierige Hänge, zusammen mit Kindern, die doppelt so alt sind wie sie, hinabfährt. Im Sommer lernt sie eifrig Schwimmen und hat ihre Altersgenossinnen bereits eingeholt.

Heute war quer über das Schwimmbecken ein Seil gespannt, das den niedrigen, für kleine Kinder bestimmten Teil, vom Rest des Beckens trennte. Tommy zeigte sofort starkes Interesse für dieses Seil und besonders für die beiden blau-weißen Plastikschwimmer, die es über der Wasseroberfläche hielten. Er schien überhaupt nicht daran interessiert, unsere Schwimmübungen vom andern Tag wieder aufzunehmen. Statt dessen begann er das Seil und die Schwimmer zu untersuchen. Mein erster, für einen Erwachsenen wohl naheliegender Gedanke, lief darauf hinaus, daß ihn die Beschäftigung mit dem Seil vom Schwimmenlernen ablenken würde. Ich hatte aber Unrecht, denn er fand bald heraus, daß er sich mit Hilfe des Seils ohne meine Hilfe über Wasser halten konnte. Außerdem konnte er vom Seil aus die Natur des ungewohnten Elements viel besser erforschen. Als wir das Seil erreichten, faßte er es an und fing an, dessen Festigkeit zu prüfen, um herauszufinden, ob er sich auch auf es verlassen könnte, während ich allmählich meinen Haltegriff lockerte, bis es den Anschein hatte, als ob sein ganzes Gewicht vom Seil getragen würde. Natürlich war es nicht so, denn der Auftrieb seines Körpers, zusammen mit dem kleinen Schwimmgürtel, den er trug, hielt ihn hauptsächlich über dem Wasser.

Zuerst blieb ich immer in seiner Nähe, wenn er sich am Seil festhielt. Dann entfernte ich mich sehr langsam von ihm, je mehr er sich daran gewöhnte, daß ich ihn nicht mehr hielt. Dadurch vergrößerte sich sein Gefühl der Unabhängigkeit noch mehr. Nicht mehr gehalten zu werden war für ihn eine sehr aufregende Sache und stellte gewiß eine hohe Anforderung an seinen Mut. Denn, nachdem er sich kurze Zeit am Seil festgehalten hatte, bat er mich wieder: »Halt mich fest!« Kaum hielt ich ihn eine Sekunde, kam seine Bitte: »Laß mich los!« Er wünschte jedoch immer seltener gehalten zu werden und forderte mich sogar hin und wieder auf wegzugehen. Dann entdeckte er, daß man die Plastikschwimmer auf dem Seil verschieben konnte; daraus machte er ein spannendes Spiel und verbrachte den Rest unserer Zeit im Wasser damit, die Schwimmer von einem Ende des Seils zum andern zu schieben. Während er sich mit den Händen am Seil festhielt, entdeckte er auch, daß er in dieser Stellung mit den Füßen unter dem Seil durch-

schwingen und auf diese Weise praktisch auf dem Rük-
ken schwimmen konnte. Obwohl es ihm Spaß machte,
war es jedesmal ein Kampf für ihn, die richtige Seite wieder nach oben zu bekommen.

Außer Tommy waren noch viele andere Kinder im
Schwimmbecken, die herumschwammen, spritzten und
planschten. Das brachte eine weitere Schwierigkeit für
Tommy mit sich. Ständig spritzte jemand Wasser in sein
Gesicht, und dann und wann kam eine Welle, die seinen
Mund und manchmal sogar seine Nase bedeckte. Bevor
ich ihm dabei zusah, waren mir die Dinge nicht völlig bewußt, die man beim Schwimmen alle lernen muß. Eine der
wichtigsten Eigenschaften, die ein Schwimmer entwik-
keln muß, ist der Reflex, der automatisch Nase und Mund
verschließt, wenn das Wasser sie erreicht. Ein guter
Schwimmer tut dies ganz unbewußt und atmet sogar noch
durch den oberen Teil seines Mundes, wenn der untere
schon vom Wasser bedeckt ist. Tommy konnte natürlich
dies alles nicht. Er wußte nicht, wie man das Wasser davon
abhält, in Mund und Nase einzudringen, ja er sah noch
nicht einmal die Notwendigkeit dazu ein. Es war tatsächlich eher umgekehrt; wenn eine Welle über sein Gesicht
ging, verblüffte ihn das so, daß er mit offenem Mund da-
stand und regelmäßig seine volle Ladung Wasser bezog.
Daraufhin bekam er einen Erstickungsanfall, gefolgt von
Husten, Spucken und am Schluß einem lauten Rülpser.
Zum Glück konnte er das Wasser fast so schnell aus sich
hinausbefördern, wie er es geschluckt hatte. Er hatte es
nicht sehr gerne, und meistens mußte man ihn zur Beruhigung einen Moment zu sich nehmen, aber er weinte nie
und verließ auch nie das Schwimmbecken deswegen. Hin
und wieder sagte er ungehalten: »Zu viele Leute!« Dem
konnte ich nur zustimmen.

Ein Kind lernt leichter, sich in acht zu nehmen, wenn seine Nase oder sein Mund unter Wasser sind, wenn es im Schwimmbecken nicht allzu wild hergeht. Dieses war jedoch klein und überfüllt und hatte keine Überfließrinnen, um die Wellen aufzunehmen. So war es an uns, mit der Situation fertigzuwerden. Ganz durch Zufall entwickelten wir ein nützliches Spiel. Ich hielt gerade Tommy, als er überraschend einen Mund voll Wasser abbekam. Instinktiv blies er ihn sofort wieder aus – mir ins Gesicht. Ich machte daraus ein großes Ereignis, machte Grimassen, hustete, würgte und spuckte, was er wiederum schrecklich lustig fand. Nun füllte er seinen Mund absichtlich mit Wasser, um mir noch einige Ladungen ins Gesicht zu sprühen. Dieses Spiel verfolgte Ziele. Einmal zeigte es ihm, daß auch Erwachsene husten, würgen und nach Atem japsen; er war also nicht der einzige, dem dies passieren konnte. Zweitens sah er, daß ein Mundvoll Wasser kein Unfall oder Unglück sein mußte. Und schließlich fand er heraus, daß er es bestimmen konnte, ob das Wasser in seinen Mund fließen sollte oder aus ihm heraus. Als wir eine Weile gespielt hatten, dachte ich, ich könnte ihn dazu bringen, daß er unter Wasser Luft ausblies, und machte es ihm vor. Er zeigte aber keine Neigung, mich nachzuahmen, und so unterließ ich den Versuch wieder.

Der heutige Tag brachte größere Abenteuer als je zuvor. Sowie wir im Wasser waren, wollte er mit dem Schwimmen anfangen. Ich zog ihn im niedrigen Wasser eine Zeitlang hin und her. Er hielt sich nicht an mir fest, sondern machte heftige Paddel- und Stoßbewegungen. Ich unterstützte ihn zuerst ganz leicht und dann, nach einiger Zeit, überhaupt nicht mehr. Ich sagte zu ihm: »Du schwimmst, du schwimmst!«, und sein aufgeregter Ausdruck zeigte mir, daß er es auch wußte. Schließlich nahm ich meine Hände ganz von ihm weg und hielt sie aus dem Wasser, um ihm und seiner Mutter zu zeigen, daß er tatsächlich ganz sich selbst überlassen war. Mehr als ein paar Sekunden lang wollte er dies nicht riskieren und so gab ich ihm ein wenig Unterstützung, bevor er anfing, sich zu beunruhigen.

Später schwamm ich ein wenig für mich selbst, während er sich in der Sonne ausruhte und wärmte. Als ich das tiefe Ende des Beckens erreichte, traf ich ihn mit seiner Mutter zusammen an. Sie sagte mir, daß er gerne vom Sprungbrett springen wollte, und ich sollte ihn auffangen. Ich sagte: »Das meinst du doch nicht im Ernst? Bist du dir sicher, daß du das tun willst?« Er bestand darauf, kletterte auf das Brett, schritt bis zum Ende und sprang, ohne eine Sekunde zu zögern, herunter. Ich fing ihn auf und schleppte ihn zu der Steigleiter am Rande des Beckens. Kaum draußen, sprang er schon zum zweitenmal, dann ein drittes Mal, und er wäre wohl noch öfter gesprungen, wenn sich nicht eine lange Reihe älterer Kinder gebildet hätte, die alle zum Brett wollten. An diesem Punkt ging das Abenteuer in eine Krise über. Der Sprung vom Brett hatte ihn zu der Überzeugung gebracht, das ganze Schwimmbecken gehöre nur ihm. Als wir wieder ins Wasser gingen, wollte er durch den tiefen Teil geschleppt werden. Sobald wir das Seil überquert hatten, begann er mit aller Kraft in Richtung des tiefen Endes zu schwimmen. Ich folgte ihm ein Stück weit und als ich gerade noch stehen konnte, drehte ich ihn in

Richtung des niedrigen Teiles um. Er sagte, er wolle die ganze Strecke bis zum Ende des tiefen Teiles durchschwimmen und drehte auch sogleich um. Ich wendete ihn zurück. Er protestierte und drehte sich um. Bald darauf kamen seine Mutter und der Bademeister dazu, um ihn zu überzeugen, daß er im niedrigen Teil zu bleiben hatte und daß er nicht groß genug sei und nicht gut genug schwimmen könne, um zum tiefen Ende zu schwimmen. Eine Zeitlang widersprach er nach Kräften, aber dann sah er ein, daß wir ihn wirklich nicht überall im Becken schwimmen lassen würden und fing an zu weinen, oder besser gesagt, zu brüllen. Er war enttäuscht, zornig und fühlte sich erniedrigt. Unsere Versuche, ihn zu versöhnen, waren vergebens. Er glaubte, sich bewiesen und damit das Recht erworben zu haben, das ganze Becken zu benützen. Ihn nur in das niedrige Wasser zu lassen erschien ihm daher als eine Diskriminierung.

Schlechtes Wetter hielt uns einige Tage vom Schwimmbad fern. Heute schien die Sonne wieder. Schon unterwegs sagte Tommy zu mir mehrere Male: »Du brauchst mich nicht zu halten, John, ich tu's alleine.« Er mußte sich im Geiste vorgestellt haben, was er tun würde, wenn er im Schwimmbad angelangt sei. Mir scheint, daß dies eine jener geistigen Leistungen ist, von der die Gelehrten behaupten, Kinder seines Alters, und sogar noch ältere, seien dazu nicht imstande. Als wir ankamen und Tommys Schwimmweste auf seinem Rücken festgemacht hatten, ging er sofort ins Wasser und begann ohne irgendwelche Hilfe meinerseits zu schwimmen. Da ihn die Schwimmweste in ziemlich senkrechter Stellung hielt, mußte er sehr schwer arbeiten, um überhaupt vorwärts zu kommen. Nur wenn ihm ein anderes, spielendes oder ins Wasser springendes Kind eine Ladung Wasser ins Gesicht gespritzt hatte, unterbrach er sein Schwimmen und hielt nach Hilfe Ausschau. Sobald er alles Wasser herausgehustet hatte, ging es weiter. So verliefen etwa drei bis vier seiner Entdeckungsreisen quer über den niedrigen Teil des Beckens. Er verbrauchte dabei den größten Teil seiner Energie und seines Unternehmungsgeistes und begnügte sich für den Rest des Tages damit, sich von mir durchs Wasser schleppen zu lassen oder am Seil zu hängen.

↑

Heute reagierte er auf das Wasser, das über sein Gesicht floß, zum erstenmal richtig. Er begann seine täglichen Entdeckungen, wie schon öfters, mit Sprüngen von der Treppe. Er muß sich jedoch etwas unsicherer als sonst gefühlt haben, denn ich mußte ihn mit beiden Armen richtig umfassen, statt ihn nur mit den Händen zu halten. Er hatte schon längere Zeit nicht mehr danach verlangt. Jetzt mußte ich ihn jedesmal zu den Stufen zurücktragen, von wo aus er wieder in meine ausgebreiteten Arme sprang. Als wir dies einige Male wiederholt hatten, fühlte er sich mutiger und war bereit, zu den Stufen zurückzuschwimmen, während ich ihn nur zum Schein unterstützte. Und auch darauf verzichtete er bald; sowie er mich erreicht hatte, kehrte er um und schwamm zu den Stufen oder zur Kante des Beckens zurück. Dabei entdeckte er nach einigem Probieren, daß er sich im Wasser drehen konnte und in jede beliebige Richtung schwimmen. Auch das war sehr aufregend. Er hatte soviel Spaß daran, daß er gleich zeigte, wie gut er es konnte, indem er sich mehrere Male im Kreise drehte.

Während wir ausruhten, sah ich einem Manne zu, der versuchte, seinen drei kleinen Kindern das Schwimmen beizubringen. Er war geradezu ein Paradebeispiel jener Eltern, die glauben, sie könnten ihren Kindern beliebige Dinge beibringen und sich auf ihren stärkeren Willen und grobe Gewalt stützen. Als wir ankamen, hielt er gerade seine kleine, vierjährige Tochter in den Armen und bewegte sie im Wasser herum. Sie leistete keinen Widerstand, ihr Körper war aber ganz steif und bewegungslos und ihr Ausdruck verriet, wie unwohl sie sich fühlte. Der Vater sah aus wie ein früherer Sportler, der inzwischen, obwohl noch jung, Fett angesetzt hatte. Nach etwa zwei oder drei Minuten hielt er es an der Zeit, mit dem ernsthaften Schwimmunterricht zu beginnen. Sein Plan war offenbar, sie in Schwimmhaltung im Wasser zu halten, das heißt, mit dem Gesicht und Vorderkörper nach unten, während sie Schwimmbewegungen machte. Zum rechten Zeitpunkt keine schlechte Idee, nur war der noch nicht gekommen oder auch nur in der Nähe. Das kleine Mädchen fand sich plötzlich des Halts an ihrem Vater beraubt und hing hilflos über dem neuen, ihr immer noch fremden und beängstigenden Element. Sie sah wie erstarrt in seinen Händen aus, bog sich zurück, als könnte sie sich so aus dem Wasser heben, und versuchte loszukommen. Alles vergebens. Ihr Vater hielt sie fest und rief ihr mit immer lauter werdender Stimme zu: »Stoß die Beine ab! Vorwärts mit den Händen!« Das kleine Mädchen fing zu schreien an, teils aus Angst und Zorn, teils in der Hoffnung, das laute Geschrei würde ihn zum Einhalten zwingen. Dem versuchte er entgegenzutreten, indem er seinerseits laut zu rufen begann:

»Ruth! Ruth! Hör auf! Hörst du mich! Du brauchst keine Angst zu haben! Sei ruhig!« Aber sie hatte den längeren Atem. Das ganze Becken war von Menschen umgeben und als Ruths Schreie immer lauter wurden, richteten sich immer mehr mißbilligende Blicke auf ihn, bis er schließlich aufgab und sein Kind wütend aus dem Wasser zog. Kurz darauf wiederholte er die gleiche Prozedur mit einem kleinen Jungen. Und noch bevor wir unseren kurzen Aufenthalt im Schwimmbad beendeten, hatte er jedes seiner drei kleinen Kinder in ein Häuflein Elend voller Tränen verwandelt.

Das Schwimmbad war heute wieder überfüllt; von überall her sprangen Kinder ins Wasser, und die Wogen schlugen höher als sonst. Dennoch lernte Tommy, wie er sich zu verhalten hat, wenn Wasser über sein Gesicht kommt. Hin und wieder schluckte er ein bißchen, und man mußte ihn zur Beruhigung halten, bis er es wieder herausbrachte. Er verstand es jedoch immer besser, seinen Mund geschlossen zu halten, oder doch das Wasser sofort wieder auszuspucken, wenn er welches erwischte. Die Gischt, die ihm ständig ins Gesicht gespritzt wurde, machte ihm nun nichts mehr aus; so war es eben, wenn man im Wasser war. Damit, und mit einigen anderen Äußerungen, zeigte er, daß das Wasser sein Element geworden war; er war in ihm daheim.

Mein Besuch bei Tommy ging zu Ende, und so schließt der Bericht über seine Fortschritte hier. Für die Zukunft schien mir der nächste Schritt der zu sein, ihn von der Abhängigkeit von seinem Schwimmgürtel zu befreien. Sein Schwimmgürtel aus Schaumstoff hält ihn so gut über Wasser, daß er kaum zusätzliche Anstrengungen machen muß. Um ihn allmählich daran zu gewöhnen, sich selbst über Wasser zu halten, könnte man kleine Stücke aus dem Schwimmgürtel herausschneiden und so fort, bis der Auftrieb seines Körpers schließlich allein übrigblieb. Vielleicht könnte man ihn auch ab und zu ohne Schwimmgürtel mitnehmen und ihn nur mit den Händen stützen oder an einem Gürtel halten. Wahrscheinlich würde er jedoch von sich aus spätestens in ein, zwei Jahren auf den Schwimmgürtel verzichten wollen, um nicht mehr wie ein kleines Kind zu wirken.

> *Welchen Weg wir auch einschlagen, unsere bisherige Erfahrung lehrt uns jedenfalls, daß Schüler und Lehrer dann am meisten Freude haben und die größten Fortschritte erzielen, wenn wir uns den Trieb eines Kindes zunutze machen, das Unbekannte zu erforschen und zu beherrschen, ohne daß wir das Kind dabei zu einer schnelleren Gangart zwingen, als es selbst zu gehen bereit ist. Im Sport sehen wir deutlich, wieviel ein Kind lernen kann, ohne daß es ihm jemand beibringt.*

Dies zeigt auch das folgende Beispiel aus einer Volksschule, an der ich unterrichtete. Unser Sportunterricht war ziemlich schlecht, was hauptsächlich auf Platzmangel, teilweise auf Zeitknappheit zurückzuführen war. Die vierte, fünfte und sechste Klasse hatte zwar jeden Morgen eine halbe Stunde Pause, der Platz war aber nur nachmittags für Baseball während der Sportstunde frei. Es war ein gepflasterter Hof, nur wenig größer als ein Innenfeld. Nach zwei Jahren ging er für Baseball ganz verloren, denn man hatte einen Teil davon mit einem Zaun umgeben, innerhalb dessen die kleinen Kinder spielen durften; der Rest wurde in einen Parkplatz verwandelt. Außerdem hatte man den nachmittäglichen Sport auf eine halbe Stunde gekürzt, und unser neuer Platz war wieder zu klein, viel kleiner als ein Tennisplatz. Da unsere Trainingsmöglichkeiten derart beschränkt waren, konnten wir eigentlich nicht erwarten, daß unser Baseball-Team besonders gut sein würde, um so weniger, als die Jungen unserer Schule von vornherein nicht außergewöhnlich sportlich begabt waren. Und doch konnten wir Jahr für Jahr ein Baseball-Team aufstellen, das sich mit anderen, gleichaltrigen ohne weiteres messen konnte. Wir hatten weder die Zeit noch den Raum für einen regelrechten Unterricht. Unsere Jungen lernten einfach durch Beobachtung und Nachahmung. Jahr für Jahr wiederholte sich der gleiche Vorgang. Jungen, die in der dritten oder vierten Klasse noch hoffnungslos ungeschickt und unsportlich waren und sich in den Baseballregeln so wenig auskannten, daß man den Eindruck hatte, sie würden es nie lernen, entwickelten sich im Laufe von zwei Jahren zu fähigen und ausgereiften Spielern. Viele unter ihnen hatten fast ausschließlich auf unserem Feld geübt. Sie alle lernten, indem sie zunächst den älteren Jungen zuschauten, die es am besten konnten, und dann versuchten, es ihnen nachzutun.

Sie lernten sogar im ganzen gesehen mehr als die Jungen einer anderen Schule, an der ich ebenfalls unterrichtete, und an der es weder an Zeit noch am Raum mangelte, so daß die Lehrer wirklich Unterricht im Baseballspiel geben konnten. Ein großer Teil ihres Sportunterrichts bestand darin, daß die Jungen herumstanden, während ihnen jemand etwas »erklärte«. Damals glaubte ich noch, man könne jeden Gegenstand jedem Menschen beibringen, wenn man nur dazu fest entschlossen sei. Ich erinnere mich noch gut an einige Jungen, denen ich versuchte zu zeigen, wie man schlägt und wirft. Fast höre ich ihre Gedanken, wie sie mit ihren verdrossenen und resignierten Gesichtern mich ansahen. Wie konnten sie dies mit ihren schlaffen, unkoordinierten Muskeln zuwege bringen? Hier wurde der Schulunterricht aufs Spielfeld getragen, wo sie sich eigentlich hätten vergnügen oder wenigstens vom Schulbetrieb erholen sollen. Kein Wunder, daß wir kaum vorwärts kamen. Wieviel besser wäre alles gegangen, wenn sie die Chance gehabt hätten, selbst zu spielen und den größeren Jungen nachzueifern!

kunsterziehung, Mathematik und andere Gebiete

»Es schien, als ob sie der Schulunterricht schon seit langer Zeit von der Wirklichkeit entfernt hatte.«

Eines Morgens saßen im Klassenraum der Erstklässler zwei kleine Mädchen, enge Freundinnen übrigens. Jede hatte sich einen großen Bogen Papier geholt und Bleistifte; nun saßen sie vor ihrem Tisch und wollten zeichnen. Nachdem sie etwas nachgedacht hatte, fing die eine an, einen großen Baum zu zeichnen. Sie begann am unteren Ende des Blattes mit zwei Linien, die ein Stück weit fast zusammen und dann parallel verliefen bis fast zum oberen Ende, wo sie auseinandergingen. Daraus wurde eine Vergabelung des Stammes am oberen Ende. Von den zwei Hauptästen ließ sie mehrere Zweige ausgehen, die sie mit Blättern versah. Während der ganzen Zeit sah das andere kleine Mädchen nur zu und tat nichts. Nachdem ich so lange gewartet hatte, fragte ich sie: »Was wirst du zeichnen?« Ich wollte sie nicht drängen, sondern war nur neugierig. Sie sagte: »Ich weiß nicht, was ich zeichnen soll.« Ich sagte zu ihr: »Warum nicht auch einen Baum?« Sie antwortete ohne Scheu und ohne zu zögern: »Ich weiß nicht wie.«

Für mich war das eine Überraschung und zugleich eine Offenbarung. Obgleich ich sehr viel und gerne Zeichnungen und Malereien ansehe, verstehe ich sehr wenig davon. Wir hatten in der Schule, die ich besuchte, fast keinen Kunstunterricht. Ich erinnere mich nur an ein Bild, das ich zu malen versuchte – eine Eule, die auf dem Ast eines abgestorbenen Baumes sitzt, im Hintergrund der Vollmond; mir erschien es damals als ein recht ehrgeiziges Vorhaben. Ich habe es nie beendet. Aus Mangel an eigener Erfahrung glaubte ich naiverweise, daß Künstler einfach das kopieren, was sich vor ihnen befindet, und daß sie darin eben allmählich besser werden. Erst in letzter Zeit habe ich gelernt, daß sich die Wirklichkeit nicht einfach auf Papier übertragen läßt und daß man gewisse Techniken beherrschen muß, um ein Bild mit Linien und Farben zu machen, das so aussieht, wie etwas Wirkliches. Es gibt also bestimmte Tricks, die man erst erlernen muß und die geübt und vervollkommnet sein wollen.

Ich hatte mir noch immer nicht klargemacht, wie diese Dinge aus der Sicht eines Kindes aussehen. Auf ihrer niederen Stufe, so schien es mir, war Kunst doch eine Art naturgetreuer Abbildung der Wirklichkeit. Daher verblüffte mich das Mädchen mit ihrer Antwort, sie wüßte nicht, wie man einen Baum zeichne. Die Entgegnung »Warum schaust du dir nicht einfach einen Baum an?« lag mir schon auf der Zunge, als ich daran dachte, daß ich einmal las, viele primitive Völker seien nicht imstande, Zeichnungen oder Photographien der nächstliegenden Dinge ihrer Umwelt zu erkennen. Wir sagen und glauben, daß ein Bild der lebendigen Wirklichkeit ähnlich sieht, aber das tut es gar nicht. Bilder sind flach, während das Leben in die Tiefe geht. Daß flache Bilder für uns reale Gegenstände darstellen, entspricht einer Konvention, die, wie unsere Sprache, erlernt werden will.

Das Bild eines Baumes, das wurde mir nun klar, verhält sich zum wirklichen Baum ungefähr so, wie sich der Plan einer Stadt zur Stadt selbst verhält. Der Stadtplan hat gewiß manche Ähnlichkeit mit der Stadt; aber beim Drucken wurde einiges mit hineingenommen, anderes weggelassen. Ebenso ergeht es dem Bild. Das kleine Mädchen, das jenes komplizierte Gebilde »Baum« ansah, mit all seinen Farben, Formen, Musterungen und Abschattierungen, wußte nicht, welche dieser Eigenschaften sie mit ihrem Bleistift wiedergeben sollte, noch wie sie das tun sollte.

Zwei oder drei Tage später sah ich die gleichen Mädchen wieder mit großen Papierbögen vor sich am Tisch sitzen. Diesmal war der bekannte Baum auf beiden Blättern; die Wurzeln, in den Stamm einmündend, der fast bis zum oberen Ende des Blattes reichte, dort sich in zwei Äste vergabelte, dann die kleinen Zweige, die in alle Richtungen ragten, und schließlich die Blätter. Ich sagte: »Aha, du malst einen Baum.« Sie schenkte mir ein erfreutes Lächeln und sagte, mit dem Kopf zu ihrer Freundin nickend, »sie zeigte es mir«. Und vertiefte sich wieder in ihre Arbeit.

In der gleichen Klasse war ein anderes Mädchen, das Zeichnen über alles liebte. Sie gab sich viel Mühe und war dabei doch schnell, denn sie lieferte ein Bild nach dem anderen ab. Die Wände waren voll von ihren Bildern, die meine und der anderen Kinder Aufmerksamkeit auf sich zogen. Sie zeichnete immer mehr oder weniger das gleiche: ein Haus mit Leuten in und außerhalb des Hauses. Dieses Thema variierte sie auf viele Arten: in der Form des Hauses, in der Anlage des Gartens und der Bäume und in den Leuten und ihren Tätigkeiten.

Ihre Bilder waren alle groß und voller Leben. Das bemerkenswerteste an ihnen war ihr erstaunlicher Reichtum an Einzelheiten. Wenn sie Gras um das Haus herum zeichnete, so machte sie nicht einfach ein paar grüne Striche, sondern zeichnete Grashalme, die sie grün ausfüllte. Blumen zeichnete sie mit Stengel- und Blütenblättern. Ihre Menschen hatten immer fünf Finger an jeder Hand, die Proportionen stimmten, und an jeden Finger zeichnete sie einen richtigen Fingernagel. Später begann sie, hinter die Fenster Vorhänge zu zeichnen, die sorgfältig zur Seite gezogen waren, wie Vorhänge in richtigen Häusern.

Es gibt Leute, die die psychoanalytische Betrachtung von Kinderzeichnungen als Steckenpferd oder als Kult betreiben. Vielleicht werden einige von ihnen an dieser Stelle gelehrte Bemerkungen der Art machen, dieses Kind sei von Details besessen, habe einen zwanghaften Charakter usw. Darin mag ein Körnchen Wahrheit stecken, aber auch nicht mehr. Denn dieses Mädchen war überaus lustig, steckte voller Energie und war außerdem eine der Klassensprecherinnen. Sie malte so, wie sie es tat, weil sie sich gern in der Welt umsah und die Dinge so wiedergab, wie sie ihr erschienen.

Kunst war für sie eine Weise, vieles von dem auszudrücken, was sie vom Leben lernte.

Zudem schärfte sie dabei ihren Blick und gewann einen Anhaltspunkt, wonach sie als nächstes Ausschau halten wollte. Und nicht nur sie lernte durch ihre Zeichnungen mehr zu sehen, sondern auch viele ihrer Mitschülerinnen. Eine Anzahl von ihnen hatte sich, ohne sich dessen deutlich bewußt zu sein, zu einer Art Schule unter ihrer Führung zusammengefunden, ähnlich den Schulen der alten italienischen Meister. Sie zeichneten Bilder, die wie die ihren aussahen, oder entliehen von ihr Ideen, die sie dann nach ihrem eigenen Geschmack weiterentwikkelten. Die sorgfältig und genau beobachteten Details ihrer Bilder kehrten plötzlich in den Bildern der anderen wieder. Oft versammelte sich eine Gruppe von Kindern vor einer ihrer Zeichnungen, um sie zu studieren. »Schaut«, hörte ich sie sagen, »sie haben sogar Fingernägel!« Das schien ihnen eine wunderbare Errungenschaft zu sein. Bald darauf hatten auch die Personen in ihren Bildern Fingernägel, und sie selbst entdeckten und betrachteten ihre eigenen Fingernägel, um zu sehen, wie sie wirklich aussahen, wie sie geformt und wie groß sie waren. Ein anderes Mal versuchten sie neue Einzelheiten zu entdecken, die das kleine Mädchen, das ihr Vorbild war, noch nicht eingezeichnet hatte.

Ich wünschte, ich könnte berichten, daß sich dieser ungeheuer produktive und sich selbst erneuernde Prozeß durch das ganze Jahr fortgesetzt und -entwickelt hätte. Daß er es nicht tat, war auch nicht die Schuld der Lehrerin, die eine verständnisvolle und einfühlsame Frau war und den Kindern wesentlich mehr Zeit für künstlerische Dinge ließ, als die meisten Lehrer der ersten Klasse es tun.

Aber sie stand unter dem Zeitdruck des Lehrplans, der den schulischen Gleichschritt festsetzt. Außerdem fühlten sich sowohl die Kinder wie sie von den nervösen Eltern unter Druck gesetzt, die sich ständig Sorgen machten, ob der Fortschritt ihrer Kinder auch fahrplanmäßig verlief. Die Kinder spürten allmählich, daß man für Kunst keine Zeit übrig hatte. Kunst war nicht etwas Ernstzunehmendes.

Dagegen nehmen Sechsjährige die Schule sehr ernst. Sie haben einen sehr feinen Spürsinn dafür, wie Erwachsene die Dinge einschätzen. Zeigen sie zum Beispiel ihren Eltern oder dem Lehrer ihre Bilder, so werfen die nur einen Blick über die Schulter und sagen: »Sehr schön, mein Kleines.« Nehmen sie aber irgendein idiotisches Arbeitsheft mit nach Hause, in dem sie die leeren Stellen pflichtgemäß ausgefüllt haben, so zeigen die Eltern, sichtlich bewegt, wie erfreut sie darüber sind.

> *Kein Wunder, daß nach kurzer Zeit die Schulhefte Bilder und Zeichnungen von ihren Plätzen verdrängt haben, obwohl man von einem guten Bild mehr lernen kann, als von zwanzig Schulheften. Wenn Kinder im späteren Alter doch wieder zu zeichnen anfangen, so tun sie es meistens nicht mehr, um der Wirklichkeit des Lebens näherzukommen, sondern um ihr zu entfliehen, wie jene achtjährigen Jungen, die Kampfszenen, oder zehnjährigen Mädchen, die endlose Reihen von Pferden zeichnen.*

Nicht, daß Kunst als ein Ausdruck der Phantasie und von heimlichen Ängsten und hoffnungslosen Wunschträumen keinen Wert hätte. Nur sind diese Zeichnungen auf Heftdeckeln und -rändern so oberflächlich. Sie stellen auch keine kühnen Entdeckungen mehr dar, wie die früheren Zeichnungen.

Als ich noch sehr jung war, wahrscheinlich kaum sechs Jahre alt, da brachte mein Vater einmal einen Künstler mit nach Hause, den er gut kannte. Nachdem wir eine Weile zusammen waren, zog dieser einen großen Zeichenblock und einen weichen Bleistift aus seiner

Mappe und begann zu zeichnen. Vor meinen faszinierten und ungläubigen Augen entstand auf dem Papier – ein Ritter! In voller Rüstung! Mir erschien es wie ein Wunder. Vor einer Minute war es noch blankes Papier; dann, ein Strich hier, ein Strich dort, mit ruhiger und stetiger Hand gezogen, und da war er. Er sah einem wirklichen Ritter so täuschend ähnlich, daß ich mich nicht gewundert hätte, wäre er vom Papier weg auf mich zugeschritten. Von da an gab es für mich eine Zeitlang wahrhaftig nichts, was ich mir mehr gewünscht hätte, als es diesem Manne nachtun zu können – mit dem Bleistift Leben auf ein Blatt Papier zu bannen. Es war eine unbegreifliche Fähigkeit; daß ich selbst sie erlangen könnte, war mir unvorstellbar, und doch hätte ich alles darum gegeben.

Man kann sich kaum denken, daß Kinder in der Schule heute noch solche Erlebnisse haben. Natürlich ist es schon ein Fortschritt, wenn man ihnen leuchtende Plakatfarben gibt und große Bögen, die sie damit nach Herzenslust bemalen dürfen, ohne daß ihnen dabei jemand über die Schulter schaut und Ratschläge erteilt oder bemängelt, daß etwas falsch sei. Aber es gibt Möglichkeiten, auf die sie kaum von selbst kommen können, wie ich mir ja auch nicht hätte träumen lassen, daß jemand diesen Ritter zeichnen könnte. Von diesen Möglichkeiten sollten sie mehr zu Gesicht bekommen. Sie sollten sich wenigstens einmal dem Gedanken gegenübergestellt sehen, daß Kunst nicht nur ein Zeitvertreib zu sein braucht, sondern eine wirkungsvolle Weise sein kann, diese Welt zu erfahren und auszudrücken. Das heißt, sie sollten einige Menschen kennenlernen, die wirkliche Dinge auf dem Papier erscheinen lassen können. Gewiß, nicht jedes

Kind wird die Welt auf diese besondere Weise erforschen wollen; andere lesen lieber in Büchern, verlegen sich auf handwerkliche Beschäftigungen, untersuchen Maschinen oder stellen naturwissenschaftliche Experimente an. Aber einige Kinder würden doch den Weg der Kunst einschlagen, und ihre ernsthafte Arbeit würde sowohl für sie wie für andere von großem Gewinn sein.

Künstlerische Arbeit bildet nicht nur Auge und Hand, sondern auch das Denkvermögen. Ich bin der Meinung, daß das Kriterium für Intelligenz nicht dem entnommen werden kann, in wieviel Fällen einer weiß, wie eine bestimmte Aufgabe zu lösen sei, sondern sich danach richtet, wie er sich dann verhält, wenn sein Wissen nicht mehr ausreicht.

> *Jede Situation und jede Tätigkeit, die uns mit echten Problemen konfrontieren, das heißt mit Problemen, die wir aus eigenen Kräften lösen müssen und deren Lösungen in keinem Buch stehen, schärfen daher unser Denken.*

Künstler, Handwerker und Facharbeiter müssen eine Fülle solcher Probleme bewältigen. Kein Wunder, daß viele dieser Leute so gewitzt, erfinderisch und aufgeweckt sind: sie müssen es sein.

Ein Beispiel dafür ist folgende Begebenheit, die sich erst vor kurzem ereignete. Ein Bekannter hatte, schon im erwachsenen Alter, angefangen zu malen. Er war etwa ein, zwei Jahre dabei, als ich ihn fragte, wie es ginge. Er sagte gut, nur sei da eine Schwierigkeit, mit der er nicht fertigzuwerden scheine – er brächte das Wasser nicht dazu, sich flach auszudehnen. Auf meinen verständnislosen Blick hin erklärte er, was er damit meinte. Er malte gerne Landschaften und war darin schon recht gut, nur jedesmal, wenn er einen See oder Teich zu malen versuchte, sah sein Wasser nicht wie richtiges Wasser aus; es glich eher einer blauen oder grünen Glasscheibe, die senkrecht aus dem Boden herausragte. Er zeigte mir einige seiner Bilder, und so war es. Wir trennten uns schließlich, aber sein Problem ging mir immer noch durch den Kopf. Ich fragte mich immer wieder, was von dem, was das Auge sieht, unserem Gehirn sagt, daß wir eine horizontale Wasserfläche vor uns haben, und nicht eine vertikale Glasscheibe. Welches waren die Zeichen, wo war der Schlüssel?

Eines Tages, als ich an einem Fluß entlangging, schaute ich besonders sorgfältig umher, um zu sehen, ob ich eine Antwort auf die Frage finden könnte. Es gibt natürlich viele Antworten. Wenn es Wellen auf dem Wasser gibt, so sehen sie in der Nähe größer aus, während sie in der Ferne ihre einzelnen Formen verlieren und ineinander verschwimmen, so daß das Ganze wie eine etwas rauhe Fläche aussieht. Wenn es irgendwelche Gegenstände entlang des Ufers gibt, so werden sie mit der Entfernung immer kleiner; es ist, mit anderen Worten, die perspektivische Verkleinerung, die uns sagt, daß die Begrenzung des Körpers, den das Wasser darstellt, nicht überall denselben Abstand von uns hat. Wenn das Wasser ruhig ist, spiegeln sich die Dinge in ihm. Aber auch dann, wenn uns die Perspektive keine deutlichen Indizien dafür gibt, daß einige Teile des Wasserkörpers weiter von uns entfernt sind als andere, würde der Farbwechsel des Wassers hinreichen, um das zu erkennen. Dinge in der Ferne erscheinen flockiger und gehen mehr ins Blaue und Graue. Das alles herausgefunden zu haben, verlieh mir irgendwie große Befriedigung. Ich hatte ein Geheimnis gelüftet und sah und dachte wieder ein Stück klarer als zuvor.

Da ich im Zeichnen und Malen ungebildet und ungeschickt bin, konnte ich den Kindern, die ich unterrichtete, nicht viele Ideen übermitteln oder Anregungen geben. Aber immerhin erweckten ein paar kleine Dinge, die ich unternahm, ihre Neugierde und ihr Interesse soweit, daß die Möglichkeit der Weiterentwicklung in ihnen für die Zukunft angelegt war.

)

Nachdem ich vier Jahre lang die fünfte Volksschulklasse unterrichtet hatte, verbrachte ich ein Jahr als eine Art Wanderlehrer. In dieser Zeit hatte ich Gelegenheit, neue Gedanken und Materialien zu entwickeln, die sich hauptsächlich, obwohl nicht ausschließlich, auf den Mathematikunterricht bezogen. Die meisten Lehrmaterialien, die ich verwenden wollte, mußte ich selbst herstellen. Gewöhnlich nahm ich dazu den gleichen Pappdeckel, auf den die Wäschereien ihre gebügelten Hemden heften, denn er war billig und ließ sich leicht bearbeiten. Anfangs arbeitete ich im eigenen Büro und Klassenzimmer, später stellte ich viele Dinge in anderen Klassenräumen her — soweit die Lehrer dies erlaubten —, wo die Kinder mir bei meiner Tätigkeit zuschauen, vielleicht auch Fragen stellen oder etwas nachmachen konnten.

Eines Tages war ich gerade im Raum der ersten Klasse und ging daran, einige halboffene Schachteln herzustellen. Ich bemaß sie so, daß mehrere verschiedene Größen von Cuisenaire-Stäben genau hineinpaßten. Als Werkzeug hatte ich mir ein Zeichenbrett, eine Reißschiene, Dreiecke, einen Maßstab und ein scharfes Messer mitgebracht, um den Karton zu zerschneiden. Alle diese Dinge interessierten die Kinder. Immer wieder verließen einige ihre normalen Schularbeiten, um mir in meiner Ecke, in der ich arbeitete, einige Sekunden lang zuzuschauen und dann wieder auf ihren Platz zurückzugehen. Manchmal fragten sie mich, was ich denn da täte, worauf ich antwortete: »Ach, ich mache nur etwas.« Als ich einige wenige Schachteln fertig hatte, sahen sie, worum es ging. Nun wollten sie selbst welche basteln. Sobald der Stundenplan es zuließ, gab der Lehrer ihnen starkes Papier und Scheren und ließ sie anfangen. Gesagt, getan. Sei es, daß sie es bei mir abgesehen hatten oder bei anderen, oder durch Nachdenken oder Probieren darauf gekommen waren – sie alle fanden heraus, daß man, um eine rechteckige offene Schachtel zu machen, ein Stück Papier von der Form eines breiten Kreuzes ausschneiden mußte. Die ersten Formen sahen sehr grob aus; die Seiten waren nicht sorgfältig genug ausgemessen, wenn überhaupt, und die Kanten nicht rechtwinklig.

Aber Kinder haben einen Sinn für gute Handwerksarbeit. Wenn man sie nicht mit Belohnungen oder durch Gängeln bei der Arbeit hält, wollen sie immer das verbessern, was sie vorher getan haben.

So machten auch diese Kinder ihre Schachteln immer sorgfältiger, versuchten herauszubringen, wie man sie schneiden mußte, so daß die Kanten fugenlos aufeinanderpaßten und daß die Öffnung eben wurde. Niemand bat mich um Hilfe. Hin und wieder schaute mir ein Kind eine Zeitlang zu, das war alles. Danach fuhren sie mit ihrer Arbeit fort.

Ich verfolgte ihre Arbeiten noch ein kleines Stück weiter – nicht so weit, wie ich gewollt hätte, denn ich hatte noch andere Klassen, außerdem mußte ich einige besondere Unterrichtsstunden geben, sowie Privatunterricht. Der letztere bestand darin, daß ich den Betreffenden die Hoffnung eintrichtern mußte, sie könnten irgendwelche Tests bestehen. Ich hatte also nicht soviel Zeit, wie ich gerne gehabt hätte, um in Ruhe zu forschen oder einen vielversprechenden Ansatz zu verfolgen. Und der Lehrer der ersten Klasse meinte natürlich, er müßte den vorgesehenen Stoff durchnehmen, um jene Kinder für die Versetzung in die zweite Klasse vorzubereiten. So blieb ihnen nicht genug Zeit, um die mathematischen Möglichkeiten, die sich bei der Herstellung dieser Schachteln ergaben, zu ergründen und entwickeln. Sie hätten etwa dazu übergehen können, Schachteln mit exakten Abmessungen herzustellen, oder Schachteln, die eine bestimmte Anzahl von Holzblöcken aufnehmen konnten, oder Schachteln mit nichtrechteckigen Formen.

Dennoch gelangen in der kurzen Zeit einem kleinen Jungen einige sehr beachtliche Leistungen, die ihm und der ganzen Klasse unter anderen Umständen bisher ungeahnte Möglichkeiten eröffnet hätten. Er war übrigens einer der Störenfriede einer an sich schon recht unruhigen Klasse. Nachdem er mehrere offene Schachteln gemacht hatte, fing er an zu überlegen, wie man eine geschlossene Schachtel machen mußte. Nach kurzer Zeit hatte er herausgefunden, welche Form er dazu ausschneiden mußte. Dann betrachtete er seine geschlossene Schachtel und versuchte, sie sich als Haus vorzustellen und zeichnete eine Türe und einige Fenster darauf. Das Ergebnis befriedigte ihn aber nicht so recht, weil es einem Hause nicht sehr ähnlich sah. Er überlegte nun, wie man ein Haus machen mußte, das wirklich wie ein Haus aussah und ein spitzes Dach hatte. Ich sah ihn nicht, während er an diesem Problem arbeitete und weiß auch nicht, welche Schritte ihn schließlich dahin führten, aber wenige Tage später zeigte mir sein Lehrer ein Kartonhaus mit einem spitzen Dach, das er aus einem Stück ausgeschnitten hatte. Es war außerdem gut gearbeitet; die Seiten und das Dach paßten ziemlich gut aneinander. Und er hatte Türen und Fenster nicht aufgezeichnet, sondern vor dem Falten ausgeschnitten. Eine wirklich außergewöhnliche Leistung.

In einer solchen Werkarbeit liegen viele Möglichkeiten für weitergehendes Forschen und Lernen. Dieses Kind und seine Klasse hatten nicht die Zeit, sie zu nutzen. In einer anderen Art von Schule und Klasse wären sie vielleicht noch zu ganz anderen Dingen vorgedrungen. Man kann sich vorstellen, wie sie Modelle vieler verschiedenförmiger Gegenstände hergestellt hätten; oder Modelle eines und desselben Gegenstandes in verschiedenen Größen, wobei die Form die gleiche bleibt und nur der Maßstab jeweils ein anderer wird. Der Gedanke, daß Dinge maßstäblich abgebildet werden können, interessiert Kinder sehr stark, fasziniert sie. Daß man Gegenstände mit gleicher Form, das heißt, gleichem Aussehen, aber in verschiedenen Größen, herstellen kann, ist für sie ein großes Geheimnis und Wunder. Ein Lehrer, den ich kannte, fertigte einmal für Demonstrationszwecke einen Satz übergroßer Cuisenaire-Stäbe an, die für seine Kinder zu einem begehrten Arbeits- und Anschauungsmaterial wurden. Die Erinnerung daran brachte mich irgendwie auf die

Idee, einen Satz von Miniatur-Cuisenaire-Stäben aus Karton anzufertigen, die ungefähr zwei Fünftel der Originalgröße besaßen. Eine große Anzahl von Erstklässlern zeigte sich davon sehr beeindruckt. Sie wunderten und freuten sich darüber, daß die Größenverhältnisse, die zwischen den Originalstäben bestanden, auch bei den Miniaturstäben erhalten blieben.

Großartige Möglichkeiten liegen auch in maßstäblichen Zeichnungen. Als ich klein war, sah ich einmal jemandem zu, der eine vergrößerte Kopie eines kleinen Bildes machte, indem er es unter ein Liniennetz – kariertes Papier oder Millimeterpapier – legte, und es dann auf ein größeres Netz übertrug. Ich glaube, ich versuchte es selbst ein- oder zweimal und war dann jedesmal erstaunt, daß es wirklich ging. Aber diese Dinge gehörten nicht zu unserem regulären Schulprogramm; wer sich dennoch mit ihnen beschäftigte, mußte dies zu Hause tun. Wer es in der Schule tat, mußte aufpassen, daß er nicht dabei erwischt wurde. Ich kann mir dennoch gut vorstellen, daß sich eine Klasse kleinerer Kinder dafür begeistern könnte, beginnend mit einer kleinformatigen Strichzeichnung, immer größere Kopien zu zeichnen, bis sie schließlich bei einem Format angelangt wären, groß genug, um einen großen Teil der Wand oder der Tafel zu bedecken. Von hier aus wäre es ein Leichtes, zum Begriff des Koordinatensystems und zu Schaubildern überzugehen, d. h. zur analytischen Geometrie, in der Bilder nicht mehr durch andere Bilder dargestellt werden, sondern durch Funktionen. Oder man könnte, um eine andere mögliche Richtung zu nennen, dazu übergehen, exakte geometrische Zeichnungen von Gegenständen in verschiedenen Maßstäben anzufertigen, von hier aus zum Messen, nicht nur von Längen, sondern auch von Winkeln kommen und dann schließlich zum Kartenzeichnen.

Man sieht leicht, wieviel Mathematik in diesen Projekten enthalten ist. Eine der elementarsten Ideen, die dem meisten, was wir in der Schule tun, zugrunde liegt, ist die, daß Kinder viele Jahre lang eine Menge langweiliger Tatsachen auswendig lernen sollen und müssen, bevor sie darangehen können, etwas Interessantes mit ihnen anzufangen. Diese Art, Dinge kennenzulernen, ist töricht und taugt nichts. Die meisten Kinder werden des langweiligen Tatsachenlernens überdrüssig, lange bevor sie genug wissen, um etwas Interessantes damit anfangen zu können oder auch nur wollen.

Aber selbst die Kinder, die dabei bleiben, werden im Lauf der Zeit davon so verdummt, daß sie gar nicht auf die Idee kommen, sie könnten mit ihrem Wissen etwas Vernünftiges anfangen, so daß sie einfach fortfahren, mehr und mehr Fakten zu lernen. Dieser Prozeß setzt sich an unseren Hochschulen und Universitäten fort, wo er einen zu großen Teil der gesamten Betriebsamkeit ausmacht.

Aber wenn wir das Pferd vor den Karren spannen, wenn wir Kinder dahin bringen können, daß sie solche Dinge tun, die es erfordern, daß sie jene Fakten finden und verwenden, die im anderen Fall langweilig und nutzlos wären, dann lernen sie die Fakten sehr schnell – wie der erwähnte Junge, der in zwei Jahren das Lese- und Mathematikpensum von neun Jahren durch seine Beschäftigung mit der Elektronik bewältigte, ohne je zum regulären Unterricht zu kommen.

Ein anderes Mal führte ich in der ersten Klasse den Begriff der längentreuen Abbildung ein. Was gemeint ist, ist leichter zu zeigen, als zu beschreiben. Angenommen, wir haben einen Würfel vor uns. Auf einer längentreuen Abbildung dieses Würfels würden drei Flächen zu sehen sein: die Deckfläche und zwei Seiten. Alle Kanten wären gleich lang. Die senkrechten Kanten des Würfels würden als senkrechte Linien auf dem Papier abgebildet sein, während die horizontalen Kanten von Linien wiedergegeben würden, die unter einem Winkel von sechzig Grad nach links und rechts verliefen.

Längentreue Abbildungen werden von technischen Zeichnern zur Wiedergabe von dreidimensionalen Gegenständen benutzt. Hierfür gibt es vorgedrucktes Papier, sogenanntes isometrisches Papier, auf dem senkrechte Linien und Linien unter einem Winkel von sechzig Grad zur Vertikalen gezogen sind. Ich vervielfältigte ein solches Blatt und nahm die Kopien mit zu den Erstklässlern. Zuerst malte ich farbige Muster mit Pastellkreiden oder Filzmarkierstiften. Dabei kamen einige interessante Muster und Formen heraus, und es dauerte nicht lange, bis mich die Kinder baten, ihnen ein Stück Papier zu geben, um selbst solche Bilder zu malen. Was sie dann auch taten.

Eines Tages, als ich mich in einer ersten Klasse aufhielt, teils als Besucher und Beobachter, teils mit meiner eigenen Arbeit beschäftigt, kam mir die Idee, ein Haus mit Giebeldach und Dachfenster isometrisch zu zeichnen. Dabei ergeben sich einige interessante Probleme, wie jeder bemerken wird, der es versucht. Die Grundform des Hauses, sowie die Türen, Fenster und das Dach waren einfach zu zeichnen. Die Schwierigkeiten kamen erst, als ich anfing zu überlegen, wie die Dachfenster an das Dach anzu-

schließen seien. Während ich an diesem Problem herum-
rätselte und -arbeitete, schweiften wieder wie vorher Kinder an mir vorbei und hielten einige Sekunden inne, um
zu sehen, was ich tat. Nach einer Weile wollten einige von
ihnen auch etwas isometrisch zu zeichnen versuchen. Sie
begannen mit einfachen Schachteln, dann zeichneten sie
Häuser mit flachem Dach und Türen und Fenstern.
Manchmal vergaßen sie beim Zeichnen der Fenster, daß
eine Linie, die in Wirklichkeit horizontal verlief, im Bild
unter sechzig Grad zur Vertikalen gezeichnet werden
mußte; aber wenn sie diesen Fehler machten, bemerkten
sie fast immer nach einiger Zeit, daß es irgendwie komisch
und falsch aussah, wenn sie nicht jemand anders darauf
aufmerksam machte. Dann kamen sie wieder zu mir herüber und warfen einen Blick auf meine Zeichnung, um zu
sehen, wie ich mit dem Problem fertig wurde. Einige begannen sogar die Schwierigkeiten, die mit dem Zeichnen
eines Giebeldaches verbunden sind, anzupacken – was für
einen Erstklässler schwierig ist. Auch diesmal hatten wir
nur wenig Zeit, um die Arbeiten fortzusetzen, aber es war
deutlich zu sehen, daß die Kinder mit großem Eifer dabei
waren und viel daraus hätten lernen können. Wie bei den
Arbeiten mit den Schachteln sind auch hier mehrere Richtungen der Weiterführung möglich. Man könnte sich vorstellen, daß Kinder isometrische Zeichnungen in verschiedenen Maßstäben anfertigen, wirkliche Objekte
abzeichnen, oder Zusammenhänge in herkömmlichen
maßstäblichen Zeichnungen mit Grund-, Auf- und Sei-
tenriß erforschen, oder den Übergang von einer Abbil-
dungsart zu einer anderen studieren. Weitere interessante
Probleme und Möglichkeiten würden sich ergeben, wenn
der Begriff der Perspektive eingeführt würde. Den Zeichnungen kleiner Kinder, wie denen der primitiven Maler,

fehlt meist die Ausdehnung in die Tiefe, denn es geht ihnen wie dem kleinen Mädchen mit dem Baum: sie wissen nicht, wie es zu machen ist und sind sich nicht einmal der Schwierigkeit bewußt geworden. Wie wäre es, wenn wir sie damit herausforderten? Wir dürfen allerdings kaum erwarten, daß kleine Kinder die Idee der Perspektive selbst entdecken, obwohl wir auch hier, wie so oft, Überraschungen erleben können; aber sie würden sicher deren Notwendigkeit einsehen und es erfreulich finden, daß es möglich ist, Eisenbahnschienen so zu zeichnen, wie sie in der Wirklichkeit aussehen.

Ich sagte früher, daß in diesem begrenzten Sinne, der für die Wiedergabe von Dingen auf Papier gilt, die Kunst nicht nur das Auge schule, sondern ebensosehr das Denken. Einmal forderte ich meine fünfte Klasse auf, ein Fahrrad zu zeichnen. Augenblicklich signalisierten alle um Hilfe. Was für ein Fahrrad? So eines, wie du selbst fährst, wie sie im Schulhof stehen, ein gewöhnliches Fahrrad mit zwei Rädern. Damen- oder Herrenrad? Es kommt mir nicht darauf an. Dann fingen sie an zu zeichnen. Hier war nicht die Frage, wer schon zeichnen konnte; nur ein oder zwei Kinder der Klasse zeichneten wirklich gerne und zum Vergnügen – und dies nach Jahren des Kunstunterrichts in Schulen, die Kunst für wichtig hielten, oder dies zumindest vorgaben. Aber selbst die beiden hatten keinen Spaß daran, Fahrräder zu zeichnen. Nach einigen Minuten gaben sie alle, außer einem oder zwei absichtlichen Versagern, die es nicht einmal versucht hatten, ihre Zeichnungen ab. Diese waren überaus aufschlußreich. Diejenigen in der Klasse, die intelligent waren und deren Geist noch beweglich war und denen es immer noch darum ging, wie sich die Dinge verhielten, und nicht um richtige Antworten, auch nicht

176

darum, wie man Schwierigkeiten vermied, sie zeichneten Fahrräder, die mehr oder weniger wie Fahrräder aussahen. Einzelheiten mögen hier und da falsch gewesen sein, aber im großen ganzen waren diese Fahrräder vernünftig. Ganz offensichtlich hatten sie beim Zeichnen daran gedacht, wie ein Fahrrad gebaut ist und wie es funktioniert. Alle hatten sie eine Art Rahmen gezeichnet, an dem die Räder befestigt waren und es gab irgend etwas, das die Räder antrieb. Aber was die anderen Kinder, die unterlegenen, gezeichnet hatten, ergab wohl die ungewöhnlichste Ansammlung von Formen, die man je sah. Sie hatten nur sehr wenig mit wirklichen Fahrrädern zu tun. Oder, anders gesehen: sie wiesen sehr wenig gemeinsame Züge untereinander auf. Gewöhnlich konnte ich ausfindig machen, welches die Räder sein sollten, aber sie waren kaum mit irgend etwas anderem verbunden. Zwei oder drei vage in die Luft gezeichnete Teile eines Fahrrads waren meistens alles, was man bei ihnen ausmachen konnte. Daraufhin ging ich mit einer Anzahl dieser Kinder mit Bleistiften und Blöcken hinaus, setzte mich mit ihnen vor ein Fahrrad und forderte sie auf, es noch einmal zu versuchen. Die Resultate fielen kaum besser aus. Obwohl das Fahrrad vor ihren Augen stand, sahen sie nicht, wie es zusammengesetzt war, oder, wenn sie es doch sahen, konnten sie ihr Wissen nicht lange genug im Gedächtnis behalten, um es auf Papier übertragen zu können.

Es schien, als ob ihr Schulunterricht sie schon seit langer Zeit so weit von der Wirklichkeit entfernt hatte, daß sie nicht mehr fähig waren, sie zu sehen, sie zu erfassen und mit ihr zurechtzukommen.

177

Wenn Kinder mehr solche Arbeiten ausführen könnten, wie ich sie beschrieben habe und vorschlug, würden sie nicht nur reicher an Kenntnissen, sondern auch an Fähigkeiten werden. Dies ist für Kinder wichtig. Eine Fähigkeit gut zu beherrschen und sichtbare Resultate zu erzielen, gibt ihnen ein Gefühl für ihren Eigenwert und für ihr eigenes Dasein, das ihnen keine noch so guten Schularbeiten und kein noch so hohes Lehrerlob geben können. Die Schule bietet hierfür wenig Möglichkeiten. An meinen eigenen hochstehenden und -vermögenden Ausbildungsstätten gab es praktisch keine; bis zu meinem dreißigsten Lebensjahr waren die einzigen Dinge, die ich jemals baute, einige Modellflugzeuge, und jene außerhalb der Schule und als ich neun Jahre alt war. Das ist und bleibt ein Fehler. Maria Montessori hat uns unter anderem gezeigt, daß Kinder genauso gut und gern sorgfältige und kontrollierte Bewegungen ausführen können, wie unbeherrschte und überschwengliche. Es gibt zumindest Zeiten, zu denen Kinder gern sorgfältig vorgehen, wenn es die Arbeit oder die Situation verlangt und nicht irgendein Erwachsener. Wir sollten ihnen viel mehr Möglichkeiten und Wege offenlassen, um ihre Anlagen zum sorgfältigen und genauen Arbeiten zu entwickeln.

Ein Zusatz. Ich hoffe, niemand mißversteht mich in der Weise, daß er meint, ich hätte vor, unseren gegenwärtigen Lehrplan über den Haufen zu werfen und aus meinen Anregungen einen neuen zusammenzustellen, der dann an die Stelle des alten zu treten hätte. Ich schlage nur einige Dinge vor, die Kinder möglicherweise gerne in der Schule tun würden, wenn sie die Freiheit hätten zu wählen. Sie müssen aber auch frei sein, diesen Weg auszuschlagen und irgendwelche anderen Wege zu wählen. Wenn wir *Rechnen I* nur durch Isometrisches *Zeichnen J* oder *Modellkonstruktion I* ersetzten, im übrigen aber den alten Betrieb mit Hausaufgaben, Drill und Tests beibehielten, wäre wenig, wahrscheinlich nichts gewonnen.

Während des besagten Jahres übernahm ich einmal für eine Woche eine erste Klasse in Vertretung der Lehrerin. Diese Lehrerin hatte die Gewohnheit, wenn sie morgens kam, für die Kinder, die schon da waren und auf den Beginn der Stunde warteten, einige Rechenaufgaben an die Tafel zu schreiben. Die Aufgaben waren gewöhnlich einfache Additionen. Es waren selten mehr als zwei Zahlen zu addieren, und die Summe war kaum je über 20, denn die Kinder hatten noch nicht gelernt, d. h. man hatte es ihnen noch nicht gesagt, wie man solche Aufgaben löst.

Eines Tages ereignete sich ein glücklicher Zufall. Ich hatte vergessen, die Aufgaben anzuschreiben. Zwei oder drei Kinder kamen früh herein, machten besorgte Gesichter, weil keine Aufgaben dastanden und fragten schließlich, ob sie einige Aufgaben anschreiben dürften. (Alle kleinen Kinder, und einige nicht mehr so kleine, schreiben gerne auf der Tafel.) Ich sagte zu ihnen, natürlich, nur zu. So schrieben sie einige Aufgaben der gleichen Art an, wie sie seither üblich gewesen waren. Aber nach einiger Zeit wurden sie mutiger und stellten Aufgaben wie zum Beispiel 70+20 = ? Ziemlich oft brachen sie in einen Streit darüber aus, welches die richtige Antwort sei. Sie ließen nie von einem Problem ab, solange sie nicht glaubten, die Lösung zu beherrschen. Gewöhnlich erzielten sie nach kurzer Zeit Einigkeit über die Lösung, die dann meistens auch richtig war. Über nicht richtige

Antworten Einigkeit zu erzielen ist schwierig. Nur selten baten sie mich zu entscheiden, und das war nur dann der Fall, wenn eine Gruppe einstimmig behauptete, ihre Lösung sei die richtige. Später addierten sie Zahlen wie zum Beispiel 230+500, oder 300+420. So fanden die Kinder – nicht alle, aber doch ziemlich viele – Schritt für Schritt, indem sie die Aufgaben immer komplizierter machten, die meisten Additionsregeln selbst heraus. In einer Woche bewältigten sie einen Stoff, für den die Schule Jahre des Mathematikunterrichts vorgesehen hatte – und dabei arbeiteten sie jeden Tag nur einige wenige Minuten daran.

Nach einer Woche mußte ich die Klasse wieder verlassen, gerade in dem Moment, in dem sich die Geister in Bewegung gesetzt hatten. Ich konnte ihnen daher nicht jenen kleinen Stoß versetzen, der notwendig gewesen wäre, um sie auf Probleme des Übertragens oder der Subtraktion zu lenken. Aber was ich sah, läßt mich vermuten, daß Kinder viel schneller in die Mathematik eindringen würden, wenn die Mathematik als das behandelt werden würde, was sie ist – ein Gebiet, das erforscht werden will, und nicht eine Liste von Fakten, die man auswendig lernen muß.

So schreibt George von Hilsheimer, der die Green Valley Schule sowie andere Schulen und Institutionen auf dem Prinzip der menschlichen Freiheit gründete:

Schüler, die in diese Schule eintreten, haben keine Angst vor Mathematik. Wir sahen zu unserer Freude schon, wie Fünfjährige sich als Bettschmöker Mathematikbücher vornahmen und alle drei Teile der für Kindergärten bestimmten Bücher in vier Nächten durcharbeiteten. Die Hoffnung auf einen derart rapiden Fortschritt können wir weder den Schülern unseres Ferienkurses machen noch den Schülern, die nach der ersten Klasse in die Schule eintreten.

Eines Tages, es war noch im selben Jahr, dachte ich an den Jungen der fünften Klasse, der zu mir gesagt hatte, zwischen 100 und 200 seien 164 ganze Zahlen. Ich hatte intuitiv den Eindruck, Kinder hingen dem Glauben an, die Zahlen würden immer dichter aufeinander folgen, d.h. zum Beispiel, daß zwischen 900 und 1000 mehr ganze Zahlen seien, als zwischen 100 und 200. Ihr gemeiner Menschenverstand gab ihnen zwar ein gutes Gefühl für Zahlen, verließ sie aber – was bei vielen von uns wohl auch zutrifft –, wenn die Zahlen immer größer wurden, wo sie ins Schwimmen gerieten und die Vermutungen immer wildere Formen annahmen.

Ich dachte mir, Erst- und Zweitklässler könnten sich dafür interessieren, einmal zu sehen, wie Zahlen größer werden, und sich dabei auch eine konkrete Vorstellung zu machen, wie groß bestimmte Zahlen sind. Ich kaufte daher eine Papierrolle, wie sie in Addiermaschinen verwendet werden, nahm sie in die erste Klasse mit und begann, ohne ein Wort zu sagen, Punkte in Abständen von fünf Zentimetern abzumessen. Als ich genug davon hatte, fing ich an, sie durchzunumerieren – 1, 2, 3, 4, 5 usw. Wie jedesmal kam nach kurzer Zeit jemand herüber, um zu schauen. Dann begannen sie zu fragen, was ich da täte. Ich sagte, sie würden das später selbst sehen. Sie sahen eine Zeitlang zu, gingen weg, andere traten an ihre Stelle. Hin und wieder fragte ein Kind: »Wozu ist das?« Mir schien, sie meinten damit: »Müssen wir davon etwas als nächstes durchnehmen?«, und ich gab meist keine Antwort darauf. Wenn mich ein Kind geradewegs fragte, ob es demnächst auch so eins machen müßte, sagte ich: »Um Himmelswillen, nein!« Während wir uns so unterhielten, wurden die Zahlen größer und größer. Das Wort ging um, ich würde mich Hundert nähern und sie kamen herbei, um dabei zu sein, wenn ich es schrieb. Es war wie der geheimnisvolle Moment, in dem sich auf dem Kilometerzähler eines Wagens eine ganze Reihe von Neunen in Nullen verwandelt.

Schließlich fragte jemand aus der Klasse: »Wo haben Sie die Papierrolle gekauft?« Ich nannte das Geschäft. »Was kostete die?« Fünfzig Pfennig. »Kann ich auch so eine haben?« »Klar, wenn du sie bezahlst.« Damit war die Sache abgeschlossen – dachte ich. Ich irrte. Am nächsten Tag tauchten einige der Kinder mit Fünfzigern auf, um eine Rolle zu erhalten. Ich besorgte sie ihnen und die Arbeit begann. Nach kurzer Zeit arbeiteten mehr als ein halbes Dutzend Erst- und Zweitklässler an ihren eigenen Zahlenrollen. Einige von ihnen schrieben einfach Zahlen auf, ohne genaue Abstände einzuhalten, während andere meine Methode übernahmen, die Zahlen in gleich großen Abständen aufeinander folgen zu lassen. Immer größer wurden die Zahlen auf den Streifen. Viele Kinder kamen bis in die Hunderte. Ich selbst setzte die Arbeit an meiner angefangenen Rolle fort, mußte irgendwann eine neue ansetzen und hörte etwa bei 1500 auf. Zwei Jungen jedoch, die sich für die Zahlenfolgen brennend interessierten und voller Ehrgeiz steckten, nahmen ihre Rollen mit nach Hause und setzten dort die Zahlenreihen fort, überrundeten mich dabei und kamen nahe an die 2000.

Man mag hier einwenden, was tatsächlich auch geschah, »Wozu dient das alles? Was lernen die Kinder überhaupt dabei?« Wer so fragte, meinte natürlich, welche Prüfungen die Kinder mit diesem Wissen bestehen könnten, das heißt, welche Fragen sie aufgrund dieser Experimente nun beantworten können. Ich weiß nicht genau, was sie dabei lernten. Verschiedene Kinder lernten wahrscheinlich verschiedenes. Ich vermute, daß sie etwas darüber gelernt hatten, mit welcher Geschwindigkeit Zahlen größer werden und sie eine konkrete Vorstellung von der Größe einiger Zahlen bekommen haben, mit denen sie im Rechenunterricht umgehen.

Als mein Zahlenband schon ziemlich lang war und etwa bis fünfhundert ging, wickelten wir es einmal der ganzen Länge nach auf. Wir mußten zu diesem Zweck einmal ums Klassenzimmer und dann noch auf den Flur gehen, um das Ende zu finden. Währenddessen gingen die Kinder voller Eifer und Neugier am Band entlang vorwärts und dann wieder zurück, wobei sie Bemerkungen machten wie »Hier ist 200«, »Hier ist 400« und so weiter.

Ich hatte viele Pläne, diese Ansätze im nächsten Jahr weiter auszubauen, aber der Fonds, aus dem dieses Projekt mit rund zehntausend Mark im Jahr unterstützt wurde, war aufgebraucht, und ich mußte aufhören. Nicht ohne eine gewisse Bitterkeit, wenn ich an die Summen dachte, die sonst für Bildung ausgegeben werden und wohin der größte Teil dafür ging. Mir schien, daß Zahlenrollen sich als Einstieg für viele Gebiete der Mathematik eigneten; so zum Beispiel als Einführung in die Multiplikation; oder in die Faktorenzerlegung; oder in das Gebiet der großen Zahlen oder der Proportionen und Maßstäbe; in das Messen und Kartenzeichnen – wer weiß, was sonst noch?

Das allerwichtigste bleibt dabei die Freiheit der Kinder, selbst zu entscheiden, wie dies alles zu tun sei und ob sie es tun wollen. Einer meiner Kollegen, Bill Hull, versuchte, seine fünften Klassen zum echten, selbständigen und problemorientierten Denken zu bringen. Eins seiner Lehrmittel war ein hölzerner Waagebalken, der in der Mitte unterstützt war und Vorrichtungen zum Anhängen von Gewichten entlang der beiden Arme besaß. Die Aufgabe der Kinder war es herauszufinden, nach welchem Prinzip der Waagebalken funktionierte, so daß sie jedes beliebige Gewicht, das wir auf die eine Seite des Balkens hängten, auf der anderen Seite auszubalancieren wußten. Ich kenne einige Aufgaben, die von sehr intelligenten Fünftklässlern mit diesem Waagebalken gelöst wurden. Aber ein Mädchen, an das ich mich erinnere, war nur imstande, ganz einfache Balanceaufgaben zu lösen wie zum Beispiel: zu einem Gewicht auf der einen Seite zwei Gewichte zu finden, die ihm auf der anderen Seite die Waage hielten. Und es gab fast niemanden in ihrer Klasse, der mit einer gewissen Beständigkeit auch nur einfache Probleme gelöst hätte; die meisten kamen nie über das Stadium des Ratens und Probierens hinaus. Und dies trotz der Tatsache, daß wir – wie wir dachten – die Dinge so einfach wie möglich eingerichtet hatten, um die Entdeckung der Zusammenhänge zu erleichtern. Wir arbeiteten mit den Kindern in kleinen Gruppen; wir gaben jedem Kind eine einfache Aufgabe; wir forderten die anderen Kinder der Gruppe auf zu sagen, ob sie die Lösung eines bestimmten Kindes für richtig hielten oder nicht, und wenn nicht, warum nicht. Wir dachten, wir hätten in unserer Klasse eine Art Laboratorium im kleinen eingerichtet, und die Kinder würden sich dementsprechend wie kleine Wissenschaftler verhalten. Weit gefehlt, denn weder das eine noch das andere traf zu. Was wir ihnen vorgesetzt hatten, war eben unser Problem und nicht ihres.

Zwei Jahre später, als ich meine eigene fünfte Klasse unterrichtete, lieh ich mir von Bill einige Waagebalken aus, die er übrig hatte, um zu sehen, ob meine Schüler irgend etwas damit anfangen konnten. Ich legte diese Waagebalken zusammen mit einigen Gewichten auf einen Tisch am Ende des Klassenzimmers. Dann wurde mir ein unverdientes Glück zuteil. Bevor ich noch Gelegenheit hatte, die Waagebalken zu erwähnen oder zu erklären, kamen eines Morgens einige Kinder früher als sonst herein und entdeckten sie. Sie fragten mich, was das für Zeug sei. Ich sagte: »Ach, den Kram hab' ich von Bill Hull.« Und wozu es gut sei. Ich: »Für nichts besonderes. Ihr könnt ruhig damit herumwursteln, wenn es euch Spaß macht.« Drei oder vier von ihnen gingen zum Tisch hin und begannen mit den Sachen herumzufummeln. Schüler, die später eintrafen, gesellten sich zu ihnen, um zuzuschauen. Eine halbe Stunde später hatten fast alle Kinder mit den Waagebalken hantiert und wußten, wie man mit ihnen umging – auch solche Kinder, die keine guten Schüler waren. Ich stellte einem Mädchen eine Aufgabe, die vor Jahren sehr fähigen Schülern große Schwierigkeiten bereitet hatte. Sie löste sie ohne weiteres und zeigte, daß sie auch wußte, was sie tat. Als ich sie fragte, ob es schwierig gewesen sei, die Lösung zu finden, sagte sie: »Oh nein, es war eine Leichtigkeit.«

Kurze Zeit darauf entwickelten Bill Hull und einige meiner Bekannten eine ebenso geistvolle wie in ihrer Anwendung weitreichende Zusammenstellung von mathematischen und logischen Lehrmaterialien, die inzwischen unter dem Namen Logische Blöcke erhältlich sind. Es handelt sich um einen Satz von Holzblöcken, die sich in Farbe, Form und Größe unterscheiden, und die Kinder bei einer großen Vielfalt von Klassifizierungsspielen gebrauchen können. Viele der Dinge, die Kinder damit tun können, wurden bisher von Experten der betreffenden Gebiete nicht für möglich gehalten.

Die Materialien entstanden so, daß Bill Hull und meine Kollegen Kinder – meist Fünfjährige – in kleinen Gruppen in ihre Arbeits- und Klassenräume einluden, wo sie mit ihnen arbeiteten, d. h. mit ihnen zusammen spielten und Probleme lösten. (Einige der Spiele, die in der Sammlung enthalten sind, wurden von den Kindern selbst erfunden.) Sehr aufschlußreich war dabei die Reaktion der Kinder auf die Art, in der ihnen das Material dargeboten wurde. Wurde ein Kind, das zum ersten Mal hereinkam, sofort dazu angehalten zu »arbeiten«, ihre Spiele zu spielen und Probleme zu lösen, gelangten sie damit nirgendwo hin. Das Kind tat, wie ihm geheißen wurde, aber lustlos und ohne Einsicht. Ließen sie dagegen das Kind zuerst eine Zeitlang mit den Sachen allein und nach eigenem Gutdünken spielen, so erhielten sie ganz andere Ergebnisse. Zuerst bauten sich die Kinder dann eine Phantasiewelt aus den Holzblöcken auf. Sie erklärten etwa einige der Blöcke zu Mamis und Papis, andere zu Kindern; oder zu Häusern und Autos; oder zu großen und kleinen Tieren. Dann legten sie sie zu verschiedenen Figuren, Bauten und Konstruktionen zusammen. Nachdem die Kinder so sich spielend des Materials geistig bemächtigt, es sozusagen einverleibt hatten, waren sie auch fähig und willens, an jene weit komplizierteren Spiele heranzugehen, vor denen bei der mehr organisierten und geschäftsmäßigeren Form der Darbietung andere Kinder völlig ratlos kapituliert hatten. Diese Erfahrung wiederholte sich mit solcher Regelmäßigkeit, daß die Experimentierer sich entschlossen, die Kinder stets eine Zeitlang frei spielen zu lassen, bevor sie sie aufforderten, unter ihrer Führung zu arbeiten.

David Hawkins, Professor der Philosophie an der Universität von Colorado, äußerte sich dazu beredt und mit feinem Gespür in einem Artikel über das freie Herumwerken im naturwissenschaftlichen Unterricht unter anderem wie folgt:

Es gibt (im naturwissenschaftlichen Unterricht und in anderen Bereichen des Unterrichts in der Grundschule) eine Zeit, die viel länger dauert, als gemeinhin zugegeben wird, und die der freien und ungeleiteten Arbeit – man nenne es Spiel, wenn man will, ich nenne es Arbeit – gewidmet sein sollte. Man gebe den Kindern Material und Gerät – irgendwelches, es kommt nicht darauf an – und lasse sie damit herumkonstruieren, -probieren und -experimentieren, soviel sie wollen, ohne ihnen Fragen aufzuerlegen und ohne pädagogische Absichten. Ich nenne diese Phase die Phase des Herumprobierens... In manchen Fachsprachen oder Jargons wird dieser Zustand »unstrukturiert« genannt, was ein irreführender Ausdruck ist; Zweifler nennen ihn chaotisch, aber das brauchte er zu keinem Zeitpunkte zu sein. »Unstrukturiert« ist irreführend, denn das, was der Klasse dargeboten wird, besitzt immer eine Struktur.

Lassen Sie mich dafür ein Beispiel aus meiner eigenen, neueren Erfahrung anführen. Vor kurzem händigten wir unseren Fünftklässlern einfache Rähmchen aus, an denen zwei oder drei Gewichte an Schnüren aufgehängt werden konnten. Jeweils zwei Kindern wurde ein solches Rähmchen ausgehändigt. Die gleichen Geräte hatten wir in zwei früheren Versuchsklassen eingeführt, dort aber mit einem »strukturierten« Anfang, bei dem wir das verblüffende Mitschwingen gekoppelter Pendel demonstrierten und dazu Fragen stellten, bevor wir die Kinder selbst an die Arbeit gehen ließen. Wenn es dieses Mal jedoch irgendeine Führung gab, so kam sie einzig von dem Gerät selbst: Ein Pendel ist zum Schwingen da!

In der Eingangshalle der städtischen Abendschule in Boston, an der ich Englisch unterrichtete, haben wir ein solches Pendel angebracht. Manche Schüler (Alter 14 bis 18 Jahre) spielen mit dem Pendel beim Hereinkommen herum, andere nicht. Eines Abends kam ein Junge herein, warf einige mißtrauische Blicke auf das Pendel und sagte dann zu mir: »Was soll es eigentlich tun?« Es überrascht mich nicht mehr, von Kindern, die lange Zeit zur Schule gingen, solche Fragen zu hören. Ich sagte daher: »Es *soll* gar nichts Besonderes tun. Wollen wir ihm sagen, was es tun soll?« Er begriff aber die Pointe nicht, bemerkte auch nicht, daß ich gescherzt hatte. Er brachte es nicht einmal über sich, das Pendel zu berühren. Es war gefährlich.

Da er nicht wußte, was es »eigentlich« tun sollte, war er nicht bereit, es irgend etwas tun zu lassen; es könnte das falsche Ding tun und irgend jemand könnte denken, er habe einen Fehler gemacht. Ein kleines, aber treffendes Beispiel für ein Gefühl, das viele Kinder hegen. Ihnen erscheint die Natur und überhaupt die ganze Welt nicht nur als ein unzuverlässiges und unberechenbares, sondern auch unfreundliches und hinterhältiges Gegenüber.

Ich fing an, an dem Pendel selbst herumzuspielen. Ich wußte noch, daß kurze Pendel schneller hin- und herschwingen, als lange – nicht weil ich mir dies als Regel gemerkt hatte, sondern weil ich mir ein geistiges Abbild davon gemacht hatte, wie die Dinge unserer Welt funktionieren und zusammenhängen. Den exakten Zusammenhang zwischen der Pendellänge und der Schnelligkeit der Schwingungen hatte ich vergessen. Eine undeutliche Ahnung ließ mich vermuten, daß das Pendel doppelt so schnell schwingen würde, wenn ich die Länge halbierte. Ich probierte dies aus, sah, daß meine Vermutung falsch war und verkürzte die Pendellänge nun so lange, bis das Pendel doppelt so schnell schwang wie vorher, und schätzte sie per Augenmaß auf etwa ein Viertel der ursprünglichen Länge. Daraus leitete ich mir das Gesetz wieder ab. Während ich noch mit meinem kleinen Projekt beschäftigt war, kam eine Lehrerin, eine sehr lebendige und intelligente Frau, und begann, mich dabei zu beobachten. Es waren kaum mehr als einige wenige Sekunden vergangen, da unterbrach sie mich mit einem Anflug echter Besorgnis:« Wie heißt das Gesetz, dem dies gehorcht? Welches Gesetz bestimmt, was es gerade tut?« Ich lachte und sagte: »Warum schauen Sie nicht einfach eine Zeitlang zu und sehen selbst?« Aber sie konnte oder wollte dieses kindliche Spiel nicht mitspielen. Nach einigen weiteren, ziemlich nervös heruntergehaspelten Sätzen darüber, daß sie sich diese Gesetze noch nie hatte merken können und daß sie in den naturwissenschaftlichen Fächern noch nie gut gewesen sei – die altbekannten Abwehrstrategien –, verließ sie mich, um ihrer Arbeit nachzugehen.

Um zu Professor Hawkins zurückzukehren:

Bei dieser Art des Anfangens nahm ich naiverweise an, daß einige Stunden des unorganisierten »Herumprobierens« genügen würden. Statt dessen erlaubten wir nach deren Verlauf zwei weitere und am Ende hatten wir das ganze auf mehrere Wochen ausgedehnt. Während dieser Zeit gab es praktisch keine Anzeichen von Langeweile oder von Verwirrung. Die meisten Probleme, die wir uns planend hätten ausdenken können, tauchten unvorbereitet von selbst auf.

Warum ließen wir eine so lange Zeitdauer zu? Erstens, weil wir bei unseren früheren Klassen bemerkt hatten, daß alles gut ging, solange wir dem »Herumprobieren« freien Lauf ließen, daß es hingegen schlechter wurde, sobald wir die Kinder an zu kurzer Leine zu führen versuchten. Es war klar, daß diese Kinder mit dem simplen Phänomen der Pendelbewegung nur unzureichend vertraut waren. Sie mußten sich daher zuerst einen Wahrnehmungshintergrund aufbauen, vor dem ein mehr analytisches Wissen erst seine Gestalt gewinnen und sinnvoll erscheinen konnte.

Um es mit meinen Worten auszudrücken: Das Denkmodell, das sie sich von der Welt machten, mußte erst viele Pendel in sich aufgenommen haben, bevor es für sie einen Sinn hatte, über Pendel zu reden. Dies gilt nicht nur für die Physik, sondern entsprechend, aber mit gleichem Gewicht, für andere Bereiche wie Lesen, Zahlenrechnen, Geschichte, Sprachen und Geographie. So brauchen Kinder Zeit – die wir ihnen in der Schule kaum geben –, bevor sie mit dem eigentlichen Lesenlernen beginnen, um die Verbindungen zwischen den Buchstaben und ihrem Klang herzustellen. Sie brauchen Zeit, um ohne Hast und ohne Druck in ihrem Bewußtsein einen Sinn dafür zu entwickeln, wie Worte aussehen, bevor sie daran gehen, sich bestimmte Worte zu merken. Ebenso brauchen sie Zeit, um mit Zahlen und Ziffern herumzuspielen, bevor sie anfangen – wenn sie das überhaupt tun sollten – Additions- und Multiplikationstafeln auswendig zu lernen. Sie müssen wissen, wie groß 76 ist, oder 134, oder 35 000, oder eine Million. Sie müssen erfahren haben, wieder ohne Druck und in Ruhe, wie sich Zahlen ändern, wie sie zunehmen und sich zueinander verhalten. Sie müssen sich erst eine abstrakte Skizze, ein gedachtes Modell der neuen Landschaft oder des neuen Gebiets schaffen, bevor man mit ihnen darüber zu sprechen versuchen kann. Wir Lehrer neigen zu der Annahme, daß wir unser eigenes Denkmodell mit Hilfe der Erklärung in das Bewußtsein von Kindern verpflanzen könnten. So geht es nicht.

Professor Hawkins fährt fort:

Zweitens ließen wir die Dinge sich in dieser Richtung entwickeln, weil wir bemerkten, daß wir auf diese Weise von den Kindern etwas lernen konnten, was wir bisher nicht wußten, und weil wir begierig waren zu sehen, wie ihr Interesse geweckt wurde und auf welchen Wegen es sie wohin führen würde. Wir wurden durch eine viel größere Anteilnahme und eine größere Vielfalt der unternommenen Experimente belohnt. Unsere Aufgabe war es nur, uns zwischen den Plätzen bewegend hier und da zu helfen, ohne daß wir bewußt jemand dazu drängten, schneller oder unter unserer Anleitung zu arbeiten. Trotz – oder besser, infolge – dieses Mangels an Führung, wurden diese Fünftklässler mit Pendeln sehr gut vertraut. Sie fanden viele Wege, die äußeren Bedingungen der Bewegung zu verändern … Die verschiedenartigsten Entdeckungen wurden gemacht, aber wir ließen sie geschehen, ohne mit viel Erwachsenenverstand darauf einzugehen und beschränkten uns darauf, unsere spontane Freude an den Erscheinungen zu zeigen. So wurden Entdeckungen gemacht, notiert, vergessen und von Anfang an wiederholt. Ich glaube, dies ist es, warum mir das etwas priesterhaft klingende Wort vom »Lernen durch Entdeckungen« Unbehagen bereitet. Wenn sich das Lernen auf der fundamentalsten Ebene bewegt, wie hier, und die Newtonsche Mechanik mit all ihren Abstraktionen schon hinter der nächsten Ecke wartet, dann heißt es: nichts übereilen! Während sich in unserem Geiste die Abstraktionen ausbilden, die zum physikalischen Verständnis führen, müssen wir alle die Trennungslinie zwischen Nicht-Wissen und Einsicht viele Male überqueren, bevor wir wirklich verstehen.

Dies ist genau der Prozeß, den ich im Kapitel über das Lesen zu beschreiben versucht habe, wo ich von dem fünfjährigen Mädchen berichte, die sich selbst lehrte zu lesen. »Während sich in unserem Geiste die Abstraktionen ausbilden…« In der Praxis heißt dies, daß man eine undeutliche Ahnung hat, die einem wieder entschwindet, erneut auftaucht, erprobt wird, wieder entschwindet, und so weiter. Man meint, ein Wort bedeute dies oder jenes; es scheint zu passen; später begegnet man dem Wort wieder und versucht ihm einen neuen Sinn zu geben; das stößt auf Widersprüche; man korrigiert den Fehler und fährt fort. So geht es viele Male, bis man die Bedeutung des Wortes erfaßt hat. Man hat sie nicht auswendig gelernt, sondern man kennt sie einfach. Sie ist zu einem Teil unseres »Weltbildes« geworden, das uns sagt, wie sich die Dinge in der Welt verhalten; wir können sie ebensowenig »vergessen«, wie wir vergessen könnten, daß ein Schuh, den wir loslassen, auf den Boden fallen und nicht zur Decke aufsteigen wird.

Einen weiteren Punkt betont Professor Hawkins zu Recht wenn er sagt, wir müßten alle »die Trennungslinie zwischen Nicht-Wissen und Einsicht viele Male überqueren, bevor wir wirklich verstehen.« Nicht nur müssen wir diese Linie viele Male überqueren, sondern niemand kann, wie es in einem alten Spiritual heißt, sie an unserer Statt überqueren; wir müssen sie selbst überschreiten. Sich hinüber drängen oder zerren lassen, tut keinem gut.

Weiter bei Professor Hawkins:

Diese Phase des »Herumprobierens« ist überaus wichtig, weil in ihr jene Instanz in die Schule hinübergerettet wird, die für fast alles, was sie vorher gelernt hatten, zuständig war und in der ihre sittliche, geistige und ästhetische Entwicklung wurzelt. Wenn man unter Bildung all das verstehen würde, das ein Kind seit seiner Geburt in der Berührung mit der Natur und der menschlichen Welt gelernt hat, so müßte jeder vernünftige Mensch dem Teil, den es vor dem fünften oder sechsten Jahre gelernt hat, das Übergewicht zusprechen. Wenn wir den Umfang dessen, was Bildung ausmacht, auf das beschränken, was in den Schulen vor sich geht, so tragen wir auch die Verantwortung dafür, daß die Methode, nach der die ganze frühe und so spektakuläre Entwicklung verlief, zum alten Eisen geworfen wird... Die früheren Lernmethoden weiterzupflegen; in der Schule die guten Anfänge zu finden; jene freisetzenden Beschäftigungen zu finden, die den Kindergarten zu einem Garten für die Kinder machen und nicht zu einer trockenen, angsterregenden Wüste – dieses Bedürfnis verlangt von uns, daß wir den Arbeitsstil, den ich »Herumprobieren« genannt habe, einen weiten Raum einnehmen lassen. Damit meine ich auch nicht, daß der »Garten« mit dem ersten Schuljahr des Kindes zu Ende sein sollte, auch nicht mit dem zehnten, als ob man dann sich aller kindischen Dinge entledigen könnte. Im Laufe der Zeit und durch ein Zusammenwirken mit anderen Arbeitsstilen ändert sich die Qualität des »Herumprobierens« zusammen mit der Entwicklung des Kindes. Es wird zu einem Arbeitsstil, den man zwar nicht mehr kindisch nennen kann, der aber immer kindhaft bleiben wird, mit welchem Wort jenes selbstdisziplinierte Probieren und Entdecken gemeint ist, auf dem alles Schöpferische beruht.

Wenn man es einmal zuläßt, daß Kinder ihren Lernstil nach der von ihnen gewählten Methode entwickeln, dann muß man auch ganz dafür einstehen und die Individualität ihrer Arbeit zu erhalten suchen. Man kann nicht auf diese Weise anfangen, um dann eines Tages zu sagen: »Damit wollte ich euch nur ein wenig aus der Reserve locken.« Wer dies tut, der gebraucht seine Autorität als Erwachsener dazu, all das abzuwerten, was die Kinder in der Zwischenzeit als wertvoll erkannt hatten. Das heißt, wenn das Stadium des »Herumprobierens« in ein Stadium strengerer, mehr von außen geführter Arbeit übergehen soll, so sollte etwas vorhanden sein, was ich »Mehrfach programmiertes Material« nenne. Darunter verstehe ich einen geschriebenen oder bebilderten Leitfaden für die Hand des Schülers, dessen Stoff eine Vielfalt von Themen, deren mögliche Anordnung etc. zuläßt, so daß es ihm eine Hilfe gibt, auf welchem Weg er sich auch immer einem bestimmten Gebiet zu nähern gedenkt. Sich aufopfernde Lehrer haben diese Aufgabe manchmal selbst übernommen, aber dies ist offensichtlich einer der Bereiche, wo die Verfasser von Stoffplänen eine enorme Erleichterung bringen können. Wichtig ist nur, daß diese Stoffsammlungen viele Möglichkeiten der Auswahl für den Lehrer und das Kind offen lassen, so daß der Lehrer von der Rolle des Führens und Hinter-sich-her-Zerrens befreit wird und Hilfe und Unterstützung in seinem Bemühen findet, die Aktivitäten innerhalb einer Gruppe individuell zu gestalten.

Wir müssen zur Kenntnis nehmen, daß es Lehrer gibt, die sich gerne in dieser »Rolle des Führens und Hinter-sich-her-Zerrens« sehen. Sie lieben das Gefühl, daß sie es sind, die die Kinder in jedem Augenblick sowohl physisch wie geistig beherrschen. Sie fühlen sich gerne als die Quelle, die einzige Quelle, alles Wissens, aller Weisheit und alles Lernens in der Klasse. Manche dieser Lehrer lieben die Machtfülle, mit der sie der Klasse gegenüber ausgestattet sind. Andere wieder werden von einem tiefen und manchmal verzweifelten Bedürfnis getrieben, sich bei ihren Schülern als nützlich, ja unersetzlich zu erweisen. Beide Arten müssen die Vorstellung, Kinder könnten und sollten selbst lernen, als eine drohende Gefahr für sich empfinden. Viele andere Lehrer würden ihren Schülern gerne mehr Unabhängigkeit und Selbstbestimmung geben, halten sich aber zurück, weil sie die standardisierten Tests fürchten, nach denen ihre Schüler, und damit sie selbst, beurteilt werden. In Schulen, die hauptsächlich darauf hinarbeiten, daß ihre Schüler bei Leistungstests und anderen Prüfungen möglichst gut abschneiden, werden wir selten viel nach vorn geöffnete, unabhängige Schülerarbeit finden. Man muß dazu allerdings in aller Fairneß sagen, daß unsere Lehrplan-Reformer und Bildungsrevolutionäre bisher wenig Interesse daran zeigten. Sie sind sich meistens so sicher, daß der Weg, den sie für ihre Schüler abgesteckt haben, den besten aller möglichen darstellt, daß sich ihre Hauptsorge darauf beschränkt, wie man sie am schnellsten diesen Weg hinab führt oder zerrt.

Wir lesen weiter bei Professor Hawkins:

In Gesprächen taucht immer wieder die Äußerung auf, daß sich eine vielgestaltige Arbeit nur bei kleinen Klassen durchführen ließe. »Ihnen mag das ja gelingen, aber versuchen Sie es doch einmal in meiner Klasse mit 43 Schülern!« Ich wäre der letzte, der die Bedeutung von kleinen Klassen schmälern möchte. Aber in diesem besonderen Fall müßte die Aussage so lauten, daß man es sich in großen Klassen nicht leisten kann, die Arbeit der Klasse nicht in Einzelprojekte aufzulösen – oder, besser gesagt, den Kindern nicht zu erlauben, sich in verschiedene Richtungen zu wenden, was sie unvermeidlich von selbst tun werden, wenn man ihnen die Möglichkeit dazu gibt. Eine beliebte Antwort, die man auf das Problem heute gibt, ist die Einteilung in sogenannte Leistungsgruppen; aber man hat damit die echten Schwierigkeiten, die in der Motivation liegen, nicht gelöst. Innerhalb einer Gruppe, die nach den üblichen Maßstä-

ben als homogen bezeichnet wird, gibt es genauso viele
auseinanderstrebende Neigungen und Interessen, wie in
jeder nicht aussortierten Gruppe …

Wenn Kindern die Möglichkeit zum selbständigen
Lernen genommen wird, neigen sie alle dazu, sich zu
langweilen.

Die Frage der kleinen Klassen wird jedesmal aufgewor-
fen, wenn ich irgendwo spreche. Meine Antwort ist die,
daß man in einer kleinen Klasse wenigstens die Illusion
aufrechterhalten kann, man hätte alles, was geschieht
unter Kontrolle, und jeder würde zum gleichen Zeitpunkt dasselbe tun; in großen Klassen wird dies unmöglich. Wenn eine Klasse etwa 20 Schüler hat, so kann der
Lehrer, vorausgesetzt, die Kinder sind gutmütig, einen
verhältnismäßig erfolgreichen Polizisten abgeben. In einer Klasse mit 40 geht das nicht mehr. Es sind ihrer einfach zu viele. Es sind daher die großen Klassen, von denen es so viele in unseren Schulen gibt, und die eher
noch größer werden als kleiner. Sie erfordern es, daß wir
den schulischen Gleichschritt zu durchbrechen suchen
und die Schüler zum eigenen Lernen bringen. Dies ist
vor allem in unseren Städten wichtig, wo es viele Kinder
gibt, die sich, anders als Kinder in den Außenbezirken,
nicht damit abfinden können und werden, daß man sie
den ganzen Tag über langweilt. Nun tun viele Leute so,
als ob die Schwierigkeit darin läge, die Stadtschulen so
gut zu machen, wie es die Schulen in den Außenbezirken
sind. Darum geht es überhaupt nicht. Wir konnten uns
die Langweile und die Un-Bildung dort nur deshalb leisten – und können es auch dort wahrscheinlich nicht
mehr sehr lange –, weil die Kinder es sich gefallen ließen.
In der Stadt können wir es uns nicht mehr leisten, weil es

sich die Kinder nicht gefallen lassen und wir keine Möglichkeiten haben, sie dazu zu zwingen. Die Probleme unserer Stadtschulen lassen sich nicht mehr anders lösen als durch die Einführung des Lernens, das Professor Hawkins in seinem Aufsatz meint.

Einige Lehrer, die Sozialkunde unterrichten, fragten mich einmal auf einer Tagung, wie es möglich sei, daß Schüler auf einem Gebiet selbständig lernen und forschen könnten. Als vorläufige Antwort erzählte ich ihnen einige Geschichten. Die erste handelt von einem siebenjährigen Jungen. Dieser Junge entdeckte und las eines Tages einen Artikel über Taucher. Wie die meisten Jungen interessierte er sich besonders für das Atemgerät; noch aufregender waren aber für ihn die verschiedenen Gestalten und Farben der Fische, die die Taucher sahen und einfingen, die in eine ganze Welt unter Wasser mit eigenem Leben eindrangen. Er erzählte auch seiner Mutter von diesen aufregenden Dingen. Kurz darauf fand sie einen Artikel über Taucher, den sie ihm zu lesen gab. Dieses Mal tauchten sie jedoch nicht nach Fischen, sondern nach Schätzen – Vasen, Schüsseln, Zubehör und Waffen, die in einem Schiff verborgen waren, das vor dreitausend Jahren auf den Boden des Mittelmeeres gesunken war. An dieser Geschichte fand der kleine Junge alles faszinierend, vor allem aber faszinierte ihn der Gedanke, daß diese seltsamen herrlichen Gegenstände so lange unbekannt und vergessen dort unten gelegen hatten. Er begann, sich für die kretischen und mykenischen Kulturen der vor-homerischen Zeit zu interessieren, die jene Schätze hervorgebracht hatten. Von hilfreichen Erwachsenen bekam er einige Bücher darüber, die er las. In ihnen wurden auch Homer und der Trojanische Krieg erwähnt; also las er auch gekürzte Fassungen der Ilias

und der Odyssee. Irgendwo las er auch über die Stadt
Troja und deren sieben Schichten, die von dem Archäo-
logen Schliemann wieder ausgegraben wurden. Er fand
es faszinierend, daß eine Stadt unter dem Erdboden ver-
schwand und an der gleichen Stelle eine neue aufgebaut
wurde, und das siebenmal nacheinander. Ebenso faszinierend fand er es, daß diese verschollenen Städte mit
viel Geduld wieder ans Tageslicht gebracht werden
konnten. Er beschloß daraufhin, so viel wie möglich
über Archäologie in Erfahrung zu bringen. Als ich zum
letzten Mal von ihm hörte, las er gerade alles über dieses
Gebiet, dessen er habhaft werden konnte.

Die nächsten Berichte stammen von einer einklassigen
Landschule, deren Lehrerin sie uns in ihrem veröffent-
lichten »Tagebuch« mitteilt. Die Kinder der Schule be-
fanden sich in allen Altersstufen der Klassen zwischen
eins und acht. Aus purer Notwendigkeit mußten sie die
meiste Zeit über selbständig arbeiten. Zu gewissen Zeiten vereinten sie sich zu einer Klasse, um zu diskutieren.
In diesen Diskussionen wurden viele Fragen gestellt und
die Lehrerin pflegte die unbeantworteten Fragen auf
große Bögen zu schreiben, die sie an der Wand befestig-
te, so daß die Kinder sie sehen und sich ihrer wieder erinnern konnten. Sie mußten sie jedoch nicht beantworten, denn sie waren kein Teil des Lehrplans oder der
Hausarbeiten. Aber sie hatten auch die Freiheit, einer
bestimmten Frage nachzugehen, wenn sie sich dafür interessierten. Manche Fragen wurden nie beantwortet.
Andere erweckten die Neugier der Klasse und veranlaß-
ten sie, einige weitreichende Forschungen zu unternehmen.

Eine solche Frage tauchte einmal zur Zeit des Früh-
lingsanfangs auf, als man daran ging, die Winterkleider

abzulegen. Die Kleider mußten gereinigt werden, bevor man sie beiseite legte, und jemand fragte, warum sie nicht gewaschen werden konnten. Viele von ihnen wußten, daß es wegen der Wolle war, die sonst einlaufen würde. Aber warum lief Wolle ein, und was passierte, wenn sie einlief? Niemand wußte es. Vielleicht könnte man es herausfinden, wenn man die Wolle durch ein Mikroskop betrachten würde. Unglücklicherweise besaßen sie kein Mikroskop und konnten sich auch nicht leisten, eines zu erwerben. Auch gut, man konnte eines leihen. Sie schrieben einen Brief – ich glaube, es war an die Landesuniversität –, in dem sie anfragten, ob sie ein Mikroskop leihen könnten und erklärten, wozu sie es gebrauchen wollten. Übrigens schrieben die Kinder ständig solche Briefe, denn ihre kleine Schule mußte die meisten Bücher und Gerätschaften, die sie brauchte, ausleihen.

Wie dem auch sei, das Mikroskop kam schließlich an. Die Kinder hatten, während sie darauf warteten, viele andere Projekte zu verfolgen gehabt. Nun gab es große Aufregung, während sie es mit großer Vorsicht auspackten, die Gebrauchsanleitung lasen und es zu gebrauchen lernten. Bald darauf waren sie soweit, daß sie einige Wollfasern vor und nach dem Waschen untersuchen konnten. Sie entdeckten, daß Wollfasern Verbindungsstellen haben, die sich am besten mit einem Teleskop vergleichen lassen und die sich sogleich aus irgendeinem Grunde beim Waschen ineinanderschieben. Da sie nun wußten wie Wolle aussieht, wollten sie eine Anzahl weiterer Materialien unter dem Mikroskop betrachten – Leinwand, Baumwolle und Kunstseide. Sie bemerkten selbst, daß die Fasern verschieden aussahen, ebenso daß das Aussehen der Stoffe von der Webart abhing. Dies wiederum erregte ihr Interesse am Weben und nach einiger Diskussion beschlossen sie, mit den einfachsten Werkzeugen selbst etwas zu weben. Wieder wurden Briefe geschrieben, und nach einiger Zeit hatten sie alles, was sie brauchten, um rohe Wolle erst zu spinnen und dann zu Kleidungsstoffen zu verweben. Sie hatten sich deshalb für Wolle entschieden, weil sie mit einfachen Werkzeugen am leichtesten zu bearbeiten war. Die Rohwolle erhielten sie von einem Nachbarn, der Schafe hielt. Als nächstes wurde sie gewaschen und gekämmt, dann gesponnen und verwoben. Jemand in der Klasse dachte, es sei interessant herauszufinden, wie lange man arbeiten mußte, bis der fertige Kleidungsstoff hergestellt war. Sie notierten sich daher die Zeiten, die sie an dem Projekt arbeiteten und entwickelten oder entdeckten so den Begriff der Arbeitsstunde pro Beschäftigte(n) als Maßeinheit der Arbeit, wie sie in der Volkswirtschaft eine wichtige Rolle spielt.

Als sie ihr kleines Stoffquadrat fertiggewoben hatten, wiesen ihre Listen 72 Arbeitsstunden auf. 72 Arbeitsstunden für dieses winzige Stück Stoff! Wie lange würde man wohl brauchen, um einen ganzen Anzug herzustellen? Um diese Frage zu beantworten, mußten sie eine Menge Berechnungen anstellen und außerdem das Problem lösen, wie eine so ungewöhnlich geformte Fläche zu bestimmen sei. Als sie herausgefunden hatten, wie lange man bei ihrer Geschwindigkeit brauchen würde, um einen Anzug herzustellen, wunderten sie sich, wie Leute wie die ersten Siedler die Zeit aufbrachten, ihre eigenen Kleider zu fertigen. Außerdem sahen sie jetzt, daß es wirklich eine große Notwendigkeit war, sich in der Arbeit zu spezialisieren und arbeitszeitsparende Maschinen zu entwickeln.

Das Kleiderprojekt führte die Kinder in eine Anzahl

verschiedener Richtungen. So wollten sie die Stoffe färben und mußten dazu in Erfahrung bringen, wie natürliche Farbstoffe hergestellt und verwendet wurden. Da die meisten Farbstoffe aus Pflanzen gewonnen werden, mußten sie sich mit Botanik beschäftigen. Sie stellten einige Farbstoffe her und probierten sie aus. Sie begannen sich auch für andere Arten von Wollstoffen zu interessieren. Ihr heimgesponnenes Stück sah jenen, die zu sehen und tragen sie gewohnt waren, nicht sehr ähnlich. Worin lag der Unterschied? Wie viele verschiedene Arten von Wolle gab es eigentlich? Die Kinder beschlossen, jeden, den sie etwas aus Wolle tragen sahen, nach der Art der Wolle zu fragen, die er trug. Sie fanden heraus, daß es tatsächlich viele verschiedene Arten von Wolle gab. Jemand begann auf einer Landkarte die Tierarten, die Wolle lieferten, in das Gebiet der Erde einzuzeichnen, in dem sie lebten. Das führte sie dazu, die Frage zu diskutieren, warum manche Wollarten mehr kosten als andere. Nachdem sie darüber genug gesprochen und nachgelesen hatten, entschieden sie, das müßte damit zusammenhängen, wie und unter welchen Kosten die Tiere aufzuziehen seien, wieviel Wolle sie hergaben, auch wie schwierig es war, die Wolle zu Kleidungsstoffen zu verarbeiten, und wie weit sie transportiert werden mußte und so weiter. So hatten sie wieder ein Stück Wirtschaftskunde und nebenbei einiges über Geographie gelernt.

Zur gleichen Zeit begannen sie sich auch für den Unterschied zwischen Wolle und Kammgarn zu interessieren (den ich nicht kenne), sowie für den Web- und Fertigungsprozeß. Sie erfuhren, wie bessere Maschinen die Preise für Kleidungsstoffe senken können. Wer erfand die ersten Maschinen? Um diese Fragen zu beantworten, mußten sie sich Bücher aus der Landesbibliothek kommen lassen. Ein Lehrer erzählte mir, daß die Klasse von 35 Schülern 700 Bücher im Jahr ausgeliehen hatte. Sie bekamen heraus, daß die ersten Maschinen in England erfunden wurden. Warum dort? Teils, weil es dort bereits eine gewisse Arbeitsteilung gab, so daß man tatsächlich für die industrielle Organisation vorbereitet war. Wie sahen Fabriken aus? Sie besuchten eine Spinnerei in New Jersey, lasen über die ersten Fabriken und über Arbeitsbedingungen, sprachen über die Auswirkung der Verwendung von Maschinen auf den Arbeitsmarkt, untersuchten die Situation in einer nahegelegenen Stadt und machten sich Gedanken über Gewerkschaften und Arbeitsrecht. Und so weiter.

Nun, nicht alle Kinder taten alle diese Dinge. Andererseits waren dies nicht alle Dinge, die die Kinder unternahmen. Während sie diese Fragenkomplexe untersuchten, erforschten sie ebenso viele andere. Und obwohl gewiß nur wenige Kinder etwa erforschten, wer die ersten Webmaschinen erfand, so berichteten sie von ihren Ergebnissen doch immer der ganzen Klasse, so daß fast alle Entdeckungen von allen Kindern geteilt wurden.

Ein anderes Projekt. Die älteren Schüler gaben eine kleine Schülerzeitung heraus, die alle paar Wochen erschien. Eines Tages sagte ein Schüler: »Wie kommt es, daß Leute jeden Tag eine große, dicke Zeitung herausgeben können und wir so lange für diese kleine Zeitung brauchen?« Die Klasse beschäftigte sich mit der Frage, die auch mich schon immer beschäftigt hatte. Sie beschlossen, der Sache auf den Grund zu gehen. Nach einigen Briefen war es soweit, daß sie die Betriebseinrichtungen einer großen Zeitung besichtigen konnten. Der

Setz- und Druckvorgang fesselte sie so sehr, daß sie sich daranmachten, die gesamte Geschichte des Druckens, der Buchstaben und des Büchermachens zu erkunden. Einige von ihnen wollten mehr über die Herkunft der Schriften und Schreibmaterialien im allgemeinen erfahren. Sie studierten die frühesten Alphabete und Materialien wie Papyrus, Pergament und so weiter. Nach kurzer Zeit beschlossen sie, selbst ein Buch herzustellen – schreiben, tippen und binden –, in dem sie einen vollständigen Abriß der Geschichte der Schrift bis zur Buchdruckerei geben wollten. Es war eine große Aufgabe; am Ende des Schuljahres waren sie immer noch nicht ganz damit fertig, und einige kamen noch wochenlang zur Schule, um das Buch fertigzustellen. Der Lehrer zeigte mir das Buch. Es war ein prächtiges Kunstwerk: übersichtlich, klar geschrieben, mit geschmackvollen Illustrationen, erstklassigem Schriftsatz und kräftigem Einband versehen – alles in Allem, ein einwandfreies Buch.

Diese Geschichten geben uns einige Hinweise darauf, wie Kinder lernen. Sie sehen die Welt als Ganzes, geheimnisvoll vielleicht, aber nichtsdestoweniger ganz. Sie teilen sie nicht in kleine, luftdicht verpackte Kategorien auf, wie wir Erwachsenen es gerne tun.

Für sie ist es natürlich, von einer Sache zu einer anderen sprunghaft überzugehen, sie miteinander auf eine Art zu verbinden, die man im formalen Unterricht oder in Schulbüchern kaum je finden wird. Sie bahnen sich ihre eigenen Pfade ins Unbekannte, Pfade, die wir für sie kaum ausdächten. Denn würden wir, angenommen wir

hielten es für wichtig, daß Kinder etwas über den Troja-
nischen Krieg oder über Archäologie wüßten, damit anfangen, ihnen etwas über Tiefseetaucher zu erzählen? Sicher nicht. Selbst wenn wir es täten, gäbe es viele Kinder,
für die das kein guter Anfang oder gar kein Anfang
wäre.

> *Schließlich lernen Kinder schneller und mehr,*
> *als wir ihnen vorgeben oder vorschreiben wür-*
> *den, wenn sie ihrer eigenen Nase und Neugier*
> *nachgehen.*

Man hat mir oft, beunruhigt oder aufgebracht, vorgehal-
ten, daß Kinder sich zu engen Fachspezialisten, zu ko-
mischen Fußballern und anderen oberflächlichen Käu-
zen entwickelten, wenn wir sie das lernen lassen, wofür
sie sich interessieren. Das stimmt nicht. Vielen Erwachsenen ergeht es tatsächlich so; die Universitäten sind voll
von Leuten, die sich in ihren kleinen Festungen des
künstlich auf sich selbst beschränkten Lernens einschlie-
ßen.

> *Aber gesunde, neugierige und unerschrockene*
> *Kinder lernen nicht auf diese Weise. Ihr Lernen*
> *schließt sie nicht ein; es führt sie auf vielen We-*
> *gen ins Leben hinaus. Jede neue Sache, die sie*
> *lernen, weist sie auf andere Dinge hin, die ge-*
> *lernt sein wollen. Ihre Neugierde wächst mit*
> *der Nahrung, die sie erhält. Unsere Sorge muß*
> *es sein, diese Nahrung nie ausgehen zu lassen.*

Erfolgreiches Denken –
Wie unser Verstand
Probleme löst

*»Wir müssen uns aller vorgefaßter Meinungen
entledigen. Kurz, wir müssen denken wie ein kleines
Kind.«*

Eins der Puzzlespiele, die wir in meiner fünften Klasse
hatten, war ein geometrisches Verschiebespiel, genannt
Hako. Man begann mit einigen dünnen, flachen und
rechteckigen Plastikscheiben, die in einer Schachtel irgendwie angeordnet waren. Die Aufgabe bestand nun
darin, die Scheiben nur durch Verschieben, und ohne
eine umzukehren oder aus der Schachtel herauszuneh-
men, so anzuordnen, daß die größte, ein Quadrat, an die
entgegengesetzte Seite zu liegen kam, von wo sie aus-
ging. Obwohl ich viele Stunden damit verbrachte, gelang es mir nie. Es erschöpfte mich völlig. Was mich
noch mehr erschöpfte, war, daß es mir schien, ich könnte
beweisen, daß die Aufgabe nie zu lösen war – obwohl
ich wußte, daß das nicht stimmte. Wie die meisten Leute
begann ich damit, die Scheiben blindlings herumzu-
schieben. Nach kurzer Zeit wurde ich, vernünftigerwei-
se, dessen überdrüssig. Es gab zu viele mögliche Bewegungen; so konnte es ewig weitergehen. Was man tun
mußte war: seinen Verstand gebrauchen, um die Sache
zu durchschauen. Daher bewegte ich die Scheiben sehr

sorgfältig, und indem ich jede Bewegung analysierte, kam ich zu dem Schluß, daß man, um das große Stück vom oberen zum unteren Ende zu bringen, einige andere Dinge »unterwegs« tun mußte. Es mußte einen Punkt geben, an dem bestimmte Scheiben an der großen vorbei nach unten gehen mußten. Dieses aber, so konnte ich zeigen, immer noch jede einzelne Bewegung sorgfältig analysierend, war nur möglich, wenn irgendwelche anderen Scheiben auf bestimmte Weise bewegt wurden. Schließlich bewies ich, daß sie nicht auf diese Weise bewegt werden konnten. Das Problem war daher unlösbar.

Das dumme war daran: ich wußte, es war nicht unlösbar. Keine Firma würde ein unlösbares Puzzlespiel verkaufen; man würde sie wahrscheinlich anzeigen. Außerdem war das Spiel im *Scientific American*, einer bekannten Zeitschrift, erwähnt worden. Und schließlich hatten einige Schüler die Aufgabe gelöst. Ich versuchte mir mit aller Kraft einzureden, daß sie gelogen oder betrogen hätten, konnte mich aber nicht davon überzeugen; sie waren nicht die Typen, die so etwas tun würden. Ich erinnere mich, wie ich wütend bei mir dachte: »Wahrscheinlich kann es jeder Stümper, der sich stur vor das Spiel setzt und die Scheiben aufs Geratewohl so lange hin und herschiebt, bis ihm ein dummer Zufall plötzlich zu Hilfe kommt. Dafür habe ich keine Zeit.« Noch genauer gesagt, ich fühlte mich über solche Spielereien erhaben.

Ich kehrte oft in der Hoffnung zu dem Spiel zurück, einen völlig neuen Ansatz zu finden; aber mein Denken fiel immer wieder in jene Bahnen zurück, die es sich einmal abgesteckt hatte. Ich versuchte, meinen vorgeblichen Beweis der Unlösbarkeit des Problems zu vergessen. Ohne Erfolg. Binnen kurzem war ich jedesmal zu dem

Versuch zurückgekehrt, den Riß in meinem Denkgebäude zu finden. Ich fand ihn nie. Wie viele Menschen in vielen anderen Lebenslagen hatte ich mich in meinem eigenen Denkgebäude eingeschlossen. Indem ich auf diese Schwierigkeiten zurückblickte und mich an die Worte Professor Hawkins erinnerte, erkannte ich meine großen Fehler. Ich hatte zu früh zu scharf nachgedacht, bevor ich mir genügend Zeit zum »Herumprobieren« ließ, bevor ich mir ein ausreichendes Denkmodell davon verschafft hatte, wie die Teile des Spiels sich bewegen ließen.

> *Der Grund dafür, warum einige der Kinder die Aufgabe lösen konnten, war der, daß sie nicht versuchten, ihren Verstand einzusetzen, bevor sie in Erfahrung gebracht hatten, was man mit den Scheiben alles tun konnte.*

Da ihr Denkmodell des Spiels vollständig war, nutzte es ihnen; meines war unvollständig und ließ mich daher versagen.

In einer der Klassen, die ich vor der Zeit mit meinem Kollegen Bill Hull zusammen unterrichtete, gebrauchten wir häufig ein dreidimensionales Puzzlespiel namens Sonia, das ebenfalls im *Scientific American* beschrieben und besprochen worden war. Dieses Spiel bestand aus ursprünglich siebenundzwanzig Holzwürfeln, von denen sechsmal je vier und einmal drei Würfel zu einem Stück zusammengeklebt waren. Die Aufgaben bestanden darin, diese sieben Teile zu verschiedenen Körpern zusammenzusetzen, angefangen mit einem Würfel und anderen einfachen Körpern bis hin zu solch komplizierten Formen wie »der Tunnel«, »die Badewanne«, »das Schloß« usw. Es ist ein herrliches Spiel, eins der besten, die ich kenne, unter anderem auch deshalb, weil es für Kinder viele verschiedene Schwierigkeitsstufen bietet.

Meine erste Begegnung mit diesem Spiel brachte mich in große Verlegenheit. Jemand, der weiß, wie man den Würfel zusammensetzt, kann dies auf alle möglichen Arten in weniger als einer halben Minute tun. Als ich mit meinen Versuchen anfing, den Würfel zusammenzusetzen, konnten einige der Kinder dies schon in ungefähr fünfzehn Sekunden. Bei meinem ersten Versuch brauchte ich etwa fünfzig Minuten. Ich versuchte mein mühseliges Ringen vor den Kindern etwas zu verbergen, mußte mir aber doch einige spitzige Fragen anhören. Zum Glück vermied ich es, diesmal in die Falle des verfrühten Räsonierens zu tappen, wahrscheinlich nur deshalb, weil ich nicht wußte, wie. Unfähig, mir irgendeine »vernünftige« Methode des Vorgehens einfallen zu lassen, fummelte ich mit den Teilen herum, versuchte dieses und jenes, machte Fehler, endete in Sackgassen und fing wieder von vorne an. Eine der frustrierendsten Eigenschaften gerade dieses Spiels ist die, daß wenn man meint, es annähernd richtig getroffen zu haben, man sicher sein kann, daß es völlig falsch ist. Wenn man an einer Stelle ankommt, wo man sich sagt: »Wenn dieses Teil genauso aussehen würde, wie jenes, dann wäre ich fertig«, so heißt das, daß man praktisch von vorne anfangen muß.

Nach vielen Versuchen und Irrtümern, erneuten Versuchen und Verbesserungen hatte ich mir schließlich, wie viele Kinder vor mir, ein gutes Denkmodell der Funktionen der verschiedenen Teile aufgebaut. Dieses Modell sagte mir, ohne daß ich es ausprobieren mußte, daß ein bestimmtes Teil oder eine Kombination von Teilen sich nicht an einer bestimmten Stelle einfügen ließen. Mit seiner Hilfe konnte ich jeweils mehrere Schritte im voraus sehen, wenn ein Ansatz zu etwas Falschem führte. Nach kurzer Zeit war ich einer der Experten der Klasse in diesem Spiel.

Solche Erfahrungen lassen mich vermuten, warum mir so viel dessen, was über Kinderpsychologie geschrieben wird, trivial, irreführend oder rundweg falsch erscheint. Den Psychologen fehlt im großen ganzen gesehen das »Herumprobieren«, von dem Professor Hawkins spricht. Sie sahen nicht genug Kinder in ihrer natürlichen Umgebung – zu Hause, in Schulen, auf Spielplätzen und Straßen, in Läden, überall. Sie spielten oder unterhielten sich mit nur wenigen Kindern. Sie hatten zu wenig Gelegenheit, ihnen zu helfen, sie zu trösten, sie zu etwas zu zwingen; sie wissen nicht, wie man ihnen eine Freude macht oder sie in Aufregung oder Zorn versetzt. Wenn es sich nicht um einen seltenen Glücksfall handelt, ist es sehr wahrscheinlich, daß man einem jungen Psychologen den Kopf mit Theorien über Kinder vollgestopft hat, bevor er überhaupt welche zu sehen bekommt. Sieht er dann welche, so ist es meist in einem speziellen Laboratorium oder in Testsituationen. Wie viele Lehrer erkennt er nicht die Anzeichen, die darauf schließen lassen, daß Kinder ängstlich sind, weil er Kinder noch nie in Situationen gesehen hat, in denen sie nicht ängstlich waren. Außerdem mag es ihm wie mir mit dem Puzzlespiel ergehen, so daß er so sehr ein Gefangener seiner Theorien wird, daß er nichts mehr sieht, was nicht mit ihnen übereinstimmt.

Aus diesen Gründen möchte ich noch einmal betonen, was ich zu Anfang dieses Buches sagte. Das Ziel, das ich mit meinem Schreiben verfolge, ist nicht in erster Linie, Eltern, Erzieher und Psychologen zu überreden, neue Doktrinen ge-

gen alte einzutauschen, sondern sie zu bewegen,
Kinder immer wieder geduldig und mit Respekt
anzuschauen und dabei jede Theorie und jedes
Urteil über sie solange zurückzuhalten, bis sie
sich eine einigermaßen zutreffende Vorstellung
davon gebildet haben, wie Kinder wirklich sind.

Ich möchte dem hinzufügen, daß es mir nicht darum
geht, die Bedeutung des eng deduzierenden, analytischen und logischen Denkens zu bestreiten. Am rechten
Platz ist es ein nützliches, wirksames und oft wesentli-
ches Instrument. Was ich zu sagen versuchte, ist nur, daß
es am falschen Ort nicht nur nichts nützt, sondern sogar
Schaden verursachen kann und daß der richtige Ort
nicht überall ist. Es funktioniert, wenn wir einen sehr
begrenzten Vorrat an Ausgangsfakten zur Verfügung haben, der alle Fakten umfaßt, die wir überhaupt bekommen werden, und wenn wir mit diesem Material einen
Vorgang rekonstruieren müssen – herausfinden, wer ein
Verbrechen beging, wie sich ein Unfall ereignete, wo ein
bestimmter Mensch oder eine Maschine versehrt wurde.
Es funktioniert, wenn wir die Variablen, mit denen wir
zu tun haben, eine nach der anderen begrenzen und isolieren können. So untersucht ein versierter Maschinen-
bauer, der herauszufinden versucht, warum eine Maschine nicht richtig arbeitet, deren verschiedene Teile eins
nach dem anderen, bis er die Ursache gefunden hat. So
verändert ein Wissenschaftler, der in seinem Labor eine
neue Erscheinung entdeckt, die Versuchsbedingungen,
eine nach der anderen, bis er herausgefunden hat, welche
die Erscheinung beeinflußt. Wir verwenden diese Art
des Denkens immer dann, wenn wir unsere Hypothese,
Theorien und Vermutungen, die uns irgendwelche Zu-

sammenhänge erklären sollen, auf ihre Richtigkeit prüfen. Wir sagen: »Wenn diese Theorie stimmt, dann müssen sich diese Ereignisse einstellen.« Dann prüfen wir, ob sie es tatsächlich tun. Tun sie es, so ist die Theorie, wenigstens vorläufig, bestätigt. Man erzählt sich, daß eine Dame Einstein zur Bestätigung seiner Relativitätstheorie gratulierte, nachdem Beobachtungen einiger Astronomen deren Richtigkeit zu beweisen schienen. Einstein antwortete darauf: »Madame, auch tausend Experimente können nicht beweisen, daß ich recht habe, aber ein einziges vermag das Gegenteil.« Auch wenn die Tatsachen die Richtigkeit unserer Theorien zu unterstützen scheinen, ist es uns wie auch Einstein nicht erlaubt, zu glauben, wir hätten die letzte Wahrheit gefunden.

Aber wie es Zeiten, Orte und Umstände gibt, wo dieses Denken nützlich ist, so gibt es andere, wo es überhaupt nicht anwendbar ist. Wenn das Erfahrungsmaterial, das vor uns liegt, neu und uns völlig fremd ist; wenn erst sehr viele neue Beobachtungen gemacht werden müssen, die sich nicht in irgendein erkennbares Schema einordnen lassen; wenn wir nicht sagen können, welche Variablen auf die Situation einwirken, noch imstande sind, sie zu isolieren, dann wäre es unvernünftig von uns, wenn wir an die Sache wie ein Detektiv oder wie ein Wissenschaftler in seinem Laboratorium herangingen.

Vor einigen Jahren versuchten einige Soziologen Parallelen zu ziehen zwischen dem Verhalten von Molekülen in einem Gas und den Menschen in der Gesellschaft. Von da ausgehend, versuchten sie, in Analogie zu den Gesetzen, die das Verhalten von Gasen beschreiben oder erklären, Gesetze aufzustellen, die angeblich das Verhalten von Menschen in der Gesellschaft beschreiben oder erklären. Dies ist ein sehr gutes Beispiel dafür, wie man die wissenschaftliche Methode nicht anwenden soll. In solchen Fällen müssen wir unseren Verstand auf ganz andere Weise gebrauchen.

Wir müssen uns aller vorgefaßter Meinungen entledigen, uns für die Situation öffnen, soviel Einzelheiten wie möglich in uns aufnehmen und geduldig warten, bis irgendeine Art von Ordnung in dem Chaos sichtbar wird. Kurz, wir müssen wie ein kleines Kind denken.

Einige Beispiele von Situationen, in denen ich so denken mußte und konnte, mögen das Gesagte verdeutlichen. An einem strahlenden Sommertag nahmen mich einige Freunde mit zur Schule für bildende Künste in Maine. Dort sah ich zum ersten Mal einen Handwebstuhl. Eine der Lehrerinnen hatte ihn in die Sonne hinausgestellt, wo er nun auf einer der vielen, breiten hölzernen Terrassen stand, von denen man über einen Hügel hinab auf das Meer hinaus blickte. Sie richtete ihn gerade zum Weben ein, während sich meine Gastgeber, um sie herumstehend, darüber unterhielten, womit sie sich im Moment beschäftigte und was ihre nächsten Pläne waren.

Nachdem ich mir die Maschine eine Weile angesehen und dem so sachkundigen Gespräch zugehört hatte, fühlte ich eine leichte Unruhe in mir aufsteigen. Ein Handwebstuhl ist eine offen daliegende Maschine; man kann alle seine Teile deutlich erkennen. Es schien mir, daß ich nach einigen weiteren sorgfältigen Betrachtungen und Überlegungen imstande sein sollte herauszufinden, wie die Maschine funktionierte. Ich war es aber nicht. Die Maschine bestand aus einem chaotischen

Haufen kleiner Teile, Drähte und Holzstücke. Irgendein
Sinn war darin nicht auszumachen. Ich konnte mir auch
nicht denken, wie man einen hineinlegen konnte. Wo
sollte man anfangen?

Wir neigen dazu, auf solche Situationen mit Abwehr-
reaktionen zu antworten, die ich nun auch in mir zu fühlen begann. Konfrontiert mit einer Sache, die wir nicht
verstehen, versuchen wir, uns von ihr abzuwenden und
sie hinwegzubannen. Wir sagen uns: »Ach, wer interessiert sich denn schon für Webstühle und fürs Weben?«
Wir suchen uns zu erleichtern, indem wir über etwas
denken, das unser Verstand versteht und begreift. Da ich
gelernt hatte, diese vorschützende und feige Taktik zu
erkennen, erlaubte ich mir nicht, mich ihrer zu bedienen.
Ich dachte: »Los jetzt, hör auf, dich wie ein kleines Kind
zu benehmen!« Ich untersuchte den Webstuhl noch
sorgfältiger und stellte mir intelligente Fragen wie:
»Wozu dient dieses hier? Wohin führt jenes?« Ohne Erfolg. Der Webstuhl blieb mir ein Geheimnis wie eh zuvor. Die Unruhe wuchs, ein wenig Beschämung gesellte
sich hinzu. Dies ging teils darauf zurück, daß ich mir
keinen Vers aus dem Webstuhl machen konnte, teils darauf, daß man mich für einen ziemlich intelligenten Mann
hielt, der dazu eigentlich fähig sein sollte. Wie die Kinder in der Schule war ich von der Angst erfüllt, dem Bil-
de, das ich mir von mir selbst machte, nicht gerecht zu
werden. Schließlich wußte ich, daß jedermann in unserer
Runde verstand, wie der Webstuhl funktionierte, und
wußte, daß ich es nicht tat. Ich hörte fast, wie sie bei sich
dachten, »Das ist aber komisch mit John; er stellt sich
doch sonst bei den meisten Dingen recht geschickt an,
aber dieser einfache Webstuhl, von dem man annehmen
sollte, daß ihn jeder verstehen kann, ist zuviel für ihn.«

Dann, wie um die Dinge noch schlimmer zu machen, fingen sie an, mir mit Erklärungen beizustehen. Sie sprachen mit jener wütend machenden Mischung aus Nachsicht und Ungeduld, mit der Experten immer etwas den Nicht-Experten erklären. Es ist ja immer befriedigend, wenn man selbst etwas versteht, was ein anderer nicht verstehen kann; befriedigender ist es, wenn man sich zu seinem Wohltäter aufschwingen kann, indem man es ihm erklärt; und noch befriedigender ist es, wenn er es trotz der Erklärungen immer noch nicht versteht – es sei denn, man wäre verpflichtet, es ihm verständlich zu machen. Ungefähr aus dieser Haltung heraus begannen meine Freunde auf mich einzureden: »Es ist ja wirklich sehr einfach; dieses Teil hier …«

Nachdem dies so eine Weile ging, sagte ich, ziemlich scharf: »Hört bitte auf, darüber zu sprechen, und laßt mich es einfach ansehen.«

Ich dachte bei mir: »Denk daran, was du über Lernen gelernt hast. Sei wie ein Kind. Gebrauche deine Augen. Überhöre diesen Lehrer in dir, der all diese Fragen stellt. Versuche nicht, das Ding zu analysieren, schau es dir an und laß es auf dich einwirken.«

Dies tat ich, ohne auf die wissende Unterhaltung der anderen achtzugeben. Hin und wieder wollte die Stimme in mir versuchen, Fragen zu stellen. Ich brachte sie zum Schweigen und setzte meine Betrachtung eine Zeitlang fort.

Es gab viele andere Dinge zu sehen: Töpfer, Drucker und, was am aufregendsten war, Glasbläser. Nachdem wir sie alle besichtigt hatten, fuhren wir nach Hause.

Während der Fahrt geschah etwas ganz Außerordentliches. Ich hatte nicht an den Webstuhl gedacht, denn wir sprachen hauptsächlich über Töpferei, da mein Gastgeber Töpfer war. Aber während wir uns unterhielten, setzte sich der Webstuhl vor meinen Augen allmählich zusammen. Anders kann man es nicht beschreiben. Plötzlich erschien ohne Grund das Bild eines bestimmten Teiles in meinem Bewußtsein, und zwar auf solche Weise, daß ich verstand, wofür dieses Teil da war. Wenn ich sage »verstand«, so meine ich nicht, daß es von irgendeiner Art verbaler Erklärung begleitet war. Ich meine, daß ich sah, wofür das Teil da war und was es tat; fast hätte ich vermeint, es bei der Arbeit zu sehen. Wenn ich einen Webstuhl hätte bauen müssen und dieses Teil in der Hand gehabt hätte, so hätte ich gewußt, wo es einzufügen sei.

Dieser Vorgang des Webstuhlzusammensetzens ging sehr langsam vor sich. Es wäre interessant, eine Aufzeichnung der Reihenfolge zu besitzen, in welcher die Teile des Webstuhls erschienen und sich zusammensetzten, aber ich besitze keine. Da ich begriff, daß sich etwas Wichtiges in dem nicht-sprachlichen und nicht dem Willen untergeordneten Teil meines Bewußtseins ereignete, wollte ich den Vorgang nicht durch zu genaues Hinsehen fixieren und noch viel weniger aufhalten. Außerdem hatte ich keine Möglichkeit vorherzusehen, wie lange er noch fortdauern würde. Als das erste Teil des Webstuhls vor meinem überraschten Bewußtsein erschien, hatte ich keinen Grund anzunehmen, daß sich die anderen Teile auf die gleiche Weise einstellen würden. Sie taten es jedoch, einige während unserer Heimfahrt, andere während des übrigen Tages und manche sogar erst am folgenden Tag. Am Ende jenes Tages hatte sich ein vollständiger Webstuhl in meinem Bewußtsein gebildet, der in allen wesentlichen Teilen funktionsfähig war. Hätte ich einen zu bauen gehabt, so hätte ich wenigstens im groben gewußt, welche Teile benötigt wurden und wohin sie gehörten. Es gab noch vieles an dem Webstuhl, das ich nicht wußte, aber nun wußte ich, wo mein Wissen aufhörte und wo die Unwissenheit begann; ich kannte nun die Fragen, die ich zu stellen hatte; wußte genug, um den Antworten einen Sinn abzugewinnen. Ich erinnerte mich nun an einiges, was man mir sagte, als man versuchte, mir den Webstuhl zu erklären, und ich sah jetzt, was sie mit ihren Worten gemeint hatten.

Erklärungen. Wir Lehrer – wahrscheinlich alle Menschen – werden von einer erstaunlichen Täuschung genarrt. Wir glauben, wir könnten ein Bild, eine Struktur oder ein funktionsfähiges Modell einer Sache, die wir in unserem Geiste aufgrund langer Erfahrung und Vertrautheit zusammengesetzt haben, in den Geist einer anderen Person übertragen, indem wir es in ein langes Band aneinandergereihter Worte verwandeln. Vielleicht kann so in einem von tausend Fällen wirklich der Sinn des Gemeinten mitgeteilt werden, wenn die Erklärung außerordentlich gut ist und der Zuhörer außerordentlich erfahren und geschickt darin ist, Wort-Bänder in nicht-sprachliche Wirklichkeit zu übertragen, und wenn Erklärer und Zuhörer viele der Erfahrungen, von denen die Rede ist, miteinander teilen. In den meisten Fällen erhöhen Erklärungen das Verständnis nicht und vermögen es eher herabzusetzen.

Vor wenigen Jahren verbrachte ich in Bill Hulls Haus einen Abend in der Gesellschaft einiger Leute, die sich alle dafür interessierten, Kinder in Mathematik zu unterrichten. Den größten Teil des Abends sprachen wir über Dinge, die wir in unseren Klassen gemacht hatten oder die wir mit ihnen planten. Als man sich zum Aufbruch schickte, bekannte einer der Gruppe, ein hervorragender und berühmter Besucher aus dem Ausland, daß seine wahre Liebe eigentlich der Geometrie galt, obwohl sich die meisten Lehrmaterialien, die er für Kinder entwickelt hatte, auf Zahlen, Ziffern oder auf die Algebra bezogen. Nicht die altmodische, ebene Geometrie, die die meisten von der Schule her kannten, sondern eine fortgeschrittenere und exotischere Geometrie. Wenn ich mich richtig entsinne, nannte er sie projektive Geometrie, obgleich sie nicht die einzige projektive Geometrie war, von der ich je gelesen hatte. Ich fragte ihn, was ihm an diesem Zweig der Mathematik so gut gefiele. Er antwortete, es sei die Schönheit und Einfachheit der Theoreme. »Zum Beispiel?« fragte ich. Es war ein Fehler. Seine Augen leuchteten vor Begeisterung auf. Zum Beispiel der Beweis, daß der Schnitt zweier Funktionen vierten Grades eine gedrehte Funktion dritten Grades ist. Als er meinen glasigen Blick bemerkte, fing er an, den Beweis zu skizzieren. Ich hob lachend die Hand und sagte: »Moment mal, ich habe von diesen Dingen noch nie gehört, ich weiß weder, was eine Funktion dritten oder vierten Grades ist, geschweige denn, was eine gedrehte Funktion dritten Grades ist.« Zu spät. Der Lehrfimmel hatte ihn befallen. Er begann zu »erklären«. Als er sah, daß ich immer noch nichts verstand, wurde er allmählich gereizt – wie die meisten Lehrer, wenn man ihre »Erklärungen« nicht versteht. »Es ist wirklich sehr einfach«, sagte er, während er mit seinen Händen komplizierte Figuren in die Luft malte. Ich war amüsiert, aber auch erschrocken. Er war ein wirklich hervorragender Lehrer, der jahrelang mit Kindern gearbeitet hatte, um mit ihnen nach Möglichkeiten zu suchen, Zusammenhänge in der Mathematik mit Händen und Augen zu erfahren. Und trotz dieser langjährigen Erfahrung glaubte er so stark an die magische Kraft von Erklärungen, daß er meinte, er könnte mich mitten in einen komplexen Bereich der höheren Mathematik, von dem ich absolut keine Ahnung oder praktische Kenntnisse hatte, aussetzen und mir die ganze Sache mit einigen Worten und ein paar Handbewegungen klarmachen.

> *Der Psychologe Jerome Bruner meinte, daß man Kinder in der Schule dazu bringt, sie glauben zu lassen, sie wüßten oder könnten Dinge nicht mehr, die sie wußten oder tun konnten, bevor sie in die Schule kamen.*

Ich sah den Beweis dafür oft, aber nie so lebhaft und deutlich, wie er in dem folgenden Beispiel dargestellt wird, das dem Prospekt der Green Valley School entnommen wurde. George von Hilsheimer schreibt darin:

Eine unserer Lehrbeauftragten führte in ihrem Kunstunterrichtsraum ein Experiment durch. Als die Kinder in das Klassenzimmer eintraten, fanden sie auf den Schreibtischen Konstruktionspapier bereitliegen. Die Lehrerin hielt einen gefalteten Fächer hoch – von der gleichen Art, wie du und ich sie schon oft gemacht haben – »Kennt ihr dies?«

»Ja, natürlich!«

»Könnt ihr einen machen?«

»Ja! Ja!«

Jedes Kind machte schnell einen kleinen Fächer. Dann las die Lehrerin aus einem Buch die Anleitung, wie ein solcher Fächer anzufertigen sei, vor. Sie las langsam und machte die notwendigen Sprechpausen. Die Angaben waren so abgefaßt, daß sie für einen Fünftklässler klar verständlich sein mußten. Nachdem sie das Lesen beendet hatte, bat die Lehrerin die Kinder, nochmals einen Fächer zu machen. Nicht ein Kind konnte einen Fächer machen. Die Lehrerin setzte sich zu jedem Kind an den Tisch und versuchte, die Kinder zu bewegen, zu ihrer ersten Methode, mit der sie den Fächer gemacht hatten, zurückzukehren. (Die Fächer lagen immer noch auf dem Tisch.) Sie konnten es nicht.

Es gab schon viele solche Experimente im Gebiet der pädagogischen Psychologie. Leider nehmen wenige Lehrer und noch weniger Schulinstitutionen diese Tatsachen ernst. Wir tun es.

Solche Geschichten erregen den Zorn vieler Verteidiger des bestehenden Systems. Sie sagen: »Aber das menschliche Wissen wird in Symbolen gespeichert und übermittelt. Wir müssen die Kinder lehren, sich ihrer zu bedienen.« Wahr genug. Aber es gibt nur eine Weise, wie Kinder lernen können, wie man den Symbolen einen Sinn entnimmt, das heißt, wie man die Symbole, die andere gebrauchen, in eine Art Wirklichkeit oder besser, in ein gedachtes Abbild der Wirklichkeit überträgt. Sie müssen zuerst ihre eigene Wirklichkeit in Symbole verwandeln, und sie müssen den Weg von der Wirklichkeit zu den Symbolen viele Male gehen, bevor sie bereit sind, ihn in der umgekehrten Richtung zu beschreiten. Wir müssen mit den Dingen beginnen, die Kinder sehen, mit denen sie sich beschäftigen und die sie kennen, und wir müssen sie über solche Dinge sprechen und schreiben lassen, bevor wir sie viel über Dinge sprechen lassen, die sie noch nicht kennen. So könnte es zum Beispiel eine ganz gute Idee sein, Kinder, die wissen wie man einen Papierfächer macht, zu bitten, jemand anderem zu sagen, wie er einen machen soll, ohne irgendwelche Gesten, so als ob sie über ein Telephon sprächen. Ich pflegte meine Fünftklässler zu fragen, wie sie jemandem über das Telephon erklären würden, was rechts und links sei. Solche Spiele sind aufregend und nützlich. Wenn wir aber so vorgehen, wie meistens in der Schule – wenn wir mit sinnlosen Symbolen und Feststellungen beginnen und versuchen, sie mit einem Sinngehalt vermittels Erklärungen auszufüllen, so schließen entweder die meisten Kinder daraus, daß alle Symbole sinnlos sind, oder daß sie zu dumm seien, um ihnen einen Sinn zu entnehmen.

Vielleicht liegt eine der größten Gefahren einer übertreibenden Orientierung an Symbolen darin, daß wir nicht wissen, wie wir sie wieder loswerden können, wenn wir keinen Gebrauch für sie haben. Wir werden süchtig. Es gibt Zeiten, da Worte oder Symbole sich zwischen uns und die Wirklichkeit stellen. Dann sollten wir bereit sein, sie fahren zu lassen und unseren Verstand auf angemessenere – kindlichere Weise zu gebrauchen.

So passierte es mir, als ich seinerzeit A. S. Neill in seiner Schule in Summerhill besuchte. Wir hatten scheußliches Wetter; die allgemeinen Räume der Schule waren verlassen, und die Schüler waren auf ihren Zimmern, so daß nicht viel von der Schule zu sehen war. Neill selbst mußte wegen eines schmerzhaften Ischiasanfalles das Bett hüten und war begierig, Gesellschaft zu empfangen. Wir führten also ein langes und sehr interessantes Gespräch miteinander. Mehr als einmal meinte ich, seine Zeit genug in Anspruch genommen zu haben und stand auf, um zu gehen, aber er winkte mich jedesmal auf meinen Stuhl zurück, was mir überaus angenehm war.

Etwa um drei Uhr kam sein Schwager herein und fragte, ob er den Fernseher einschalten könnte, um das Rugby-Spiel England – Schottland anzusehen. Neill fragte mich, ob ich etwas von Rugby verstünde. Ich sagte, daß ich es noch nicht kannte; er sagte, er auch nicht. Wir beschlossen, uns das Spiel anzusehen. Es lief noch keine zwei Minuten, da befand ich mich in der gleichen panischen Verwirrung, die mich auch anfiel, als ich den Webstuhl betrachtete. Rugby ist für einen Anfänger nicht leicht zu verstehen. Rugby ist so etwas wie eine verrückte Mischung aus amerikanischem Fußball und gewöhnlichem Fußball, beiden ähnlich genug, um einen ständig zu täuschen. Während ich zuschaute, begann der Lehrer in mir zu fragen »Warum tat er das? Warum legte er den Ball dorthin? Warum rennt er dahin?« Und so weiter. Aber es gab keine Antworten darauf.

Nachdem ich mich so einige Minuten vergeblich bemüht hatte, sah ich, daß dies wieder die Webstuhl-Situation war. Ich wußte nicht genug über das Spiel, als daß ich darüber hätte nachdenken können. Es hatte keinen Sinn, Fragen zu stellen. Neill konnte sie nicht beantworten. Sein Schwager, ein schweigsamer Mann, würde es nicht tun. Das Einzige, was zu tun übrig blieb, war, die Fragen abzustellen und zuzuschauen – wie ein Kind. »Nimm es alles in dir auf! Laß dir nichts entgehen, mach dir keine Sorgen!« So machte ich es. Wenn die Stimme in mir zu jammern anfing, brachte ich sie zur Ruhe. Bei Halbzeit schien ich mehr zu wissen als zu Beginn. Alles, was auf dem Spielfeld passierte, überraschte mich. Während der Hälfte der Zeit machten die Ansager ihre intelligenten Kommentare zu dem Spiel. Nicht ein verständliches Wort war darunter. Ich hörte zu, wie ein Kind der Unterhaltung der Erwachsenen zuhört, ohne zu wissen oder mich darum zu kümmern, was sie meinten. Dann begann die zweite Spielhälfte. So verwirrend wie die erste. Dann, etwa zehn Minuten später, begannen sich die Konturen des Schemas abzuzeichnen. Wie zuvor der Webstuhl, so setzte sich jetzt das Spiel in meinem Bewußtsein zusammen. Plötzlich fand ich heraus, daß ich wußte, was die Spieler taten, was sie zu tun versuchten und was sie als nächstes tun könnten und warum die Passagen, die der Ansager gut nannte, gut waren, und diejenigen, die er als falsch bezeichnete, tatsächlich fehlerhaft gespielt waren. Es gab immer noch vieles, was ich nicht wußte, Einzelheiten des Spiels, Regeln und Strafen. Aber ich wußte genug, um nach ihnen zu fragen und um die Antworten einigermaßen zu verstehen.

Kurz darauf hatte ich eine weitere Gelegenheit, wie ein Kind zu denken. Ich befand mich, von London aus südwärts fahrend, in einem Zugabteil – einem kleinen, engen Abteil für acht Passagiere – mit einem skandinavischen Paar. Sie sprachen sehr schnell in ihrer eigenen Sprache, von der ich nichts verstand. Eine Zeitlang schenkte ich ihnen keine Beachtung, sondern schaute mir England durch das Zugfenster an und hing meinen eigenen Gedanken nach. Dann kam mir nach einiger Zeit der Gedanke, daß dies eine interessante Gelegenheit sei, einer Sprache so zuzuhören, wie sie ein Baby hört. Während ich immer noch aus dem Fenster schaute, begann ich ihrem Gespräch genau zuzuhören. Es erinnerte mich sehr stark an das Zuhören bei einem komplizierten Stück moderner Musik. Nachdem ich viele Konzerte und Platten gehört hatte, fand ich heraus, daß die beste Methode, einer unbekannten und mir nicht vertrauten Musik zuzuhören und mich auf sie zu konzentrieren, darin besteht, sie sogleich wieder im Geiste zu reproduzieren. So versuchte ich, die Laute, die diese Leute von sich gaben, im Geiste sofort nachzuahmen. Ich fing nicht alle auf, aber sehr viele. Obwohl ich nicht versuchte, sie mir zu merken – dazu war die Zeit zu knapp –, gab ich außerdem auf Lautstrukturen acht, so daß jeder Laut oder jedes Wort, das wiederholt vorkam, einen zusätzlichen Eindruck in mir hinterließ. Es war eine interessante Übung, die mich völlig in Anspruch nahm. Nach etwa vierzig Minuten hatte ich mein Ziel erreicht. Zu diesem Zeitpunkt begann ich ein Gefühl für einige der Worte und Laute zu bekommen und konnte sie in der Unterhaltung fast wiedererkennen. Vielleicht könnte diese Art des unvorbereiteten Zuhörens auch zum Studium fremder Sprachen brauchbar sein. Wir könnten dazu eine Schallplatte oder ein Tonband verwenden, auf das eine bestimmte Passage zuerst in schnellem Gesprächstempo gesprochen ist, dann langsamer und schließlich so langsam, daß man jedes Wort für sich getrennt hört. Wenn sie solchen Bändern zuhörten, könnten die Schüler ihren Sinn für den Zusammenhang zwischen den einzelnen Lauten einer Sprache und dem Klang der fließenden Sprache schärfen.

Ich möchte nun das zusammenfassen, was ich über den natürlichen Lernstil kleiner Kinder zu sagen versuchte.

Kinder sind neugierig. Sie wollen Vernunft in die Dinge hineinbringen, herausfinden, wie sie

225

funktionieren; überhaupt wollen sie ihre Fähig-
keiten entwickeln und über sich selbst und ihre
Umgebung eine gewisse Kontrolle ausüben, und
sie wollen tun, was sie andere Leute tun sehen.
Sie sind offen, empfänglich und aufmerksam.
Sie schließen sich nicht von der für sie fremden,
verworrenen und komplizierten Welt ab. Sie be-
obachten sie mit unverwandtem und scharfem
Blick und lassen alles auf sich einwirken. Sie ex-
perimentieren gerne. Sie beobachten nicht nur
die Welt um sich herum, sondern sie prüfen, wie
sie schmeckt und wie schwer sie ist; sie befühlen
sie, biegen sie und brechen sie. Um herauszufin-
den, wie es sich mit der Wirklichkeit verhält, ar-
beiten sie an ihr. Sie sind mutig. Sie scheuen sich
nicht, Fehler zu machen. Und sie sind geduldig.
Sie können ein außerordentlich großes Maß an
Ungewißheit, Unordnung, Unwissenheit und
Unschlüssigkeit aushalten. Sie müssen nicht in
jeder neuen Situation sofort deren Bedeutung er-
kennen. Sie sind bereit und fähig zu warten, bis
ihnen die Bedeutung zukommt – auch wenn sie
sehr langsam kommt, wie es gewöhnlich der
Fall ist.

Die Schule ist kein Ort, wo man dieser Art des Denkens und Lernens viel Zeit und Gelegenheit gibt oder
sie gar belohnte. Können wir sie zu einem solchen Ort
machen? Ich glaube, wir können es und wir müssen
es. In diesem Buch habe ich versucht, kurze Anregungen zu geben, wie dies möglich sei. Dies in allen Einzelheiten auseinanderzulegen würde ein Buch für sich
erfordern.

Wesentlich ist, daß Kinder unabhängig vonein-
ander lernen, nicht als ein Haufen; weiter, daß
sie aus Interesse und aus Neugierde lernen, und
nicht, um den mächtigen Erwachsenen zu gefal-
len und sie versöhnlich zu stimmen; und schließ-
lich, daß sie über ihr eigenes Lernen verfügen
können sollten, indem sie selbst bestimmen, was
sie lernen wollen und wie sie es lernen wollen.

Auf solche Ideen reagieren die Leute sehr unterschied-
lich, aber zwei Reaktionen wiederholen sich mit solcher
Regelmäßigkeit, daß es sich zu lohnen scheint, sie zu be-
sprechen.

Die erste klingt oft so: »Verlangen Sie nicht, daß Kinder die Geschichte der Menschheit selbst noch einmal
entdecken und nachvollziehen sollen?« Es wäre ein
leichtes, diese Frage als dumm abzuweisen, wenn sie
nicht von so vielen vernünftigen und ernstzunehmenden
Leuten gestellt würde. Worüber sie stolpern, ist das
Wort »entdecken« – Sie tun so, als ob damit gemeint sei,
daß Kinder Dinge so entdecken, wie man etwas erfindet
oder zum erstenmal entdeckt. Das meine ich und meinen
andere Pädagogen aber nicht, wenn sie davon sprechen,
wie wichtig es sei, daß man die Kinder Dinge selbst erkennen läßt. Wir verlangen und erwarten nicht, daß ein
Kind das Rad noch einmal von Grund auf erfindet. Das
ist gar nicht notwendig. Das Rad ist schon erfunden. Es
liegt schon da, direkt vor ihm. Was ich sage, ist nur, daß
man einem Kind nicht sagen muß, was ein Rad ist und
wozu es dient, um es diese Dinge wissen zu lassen. Das
kann es selbst herausfinden, auf seine eigene Weise und
in seiner eigenen, guten Zeit. Es soll auch nicht die
Glühbirne, das Flugzeug, den Verbrennungsmotor oder

Gesetze, Regierungssysteme, Kunstwerke oder die Musik erfinden. Sie alle wurden schon erfunden und liegen vor uns ausgebreitet.

> *Die ganze Kultur liegt vor uns. Was ich so dringend empfehle, ist, daß einem Kind die Freiheit gegeben wird, diese Kultur auf seine eigene Weise zu erforschen und zu verstehen. Diese Art von Entdeckung erwarte ich von ihm, und es ist auch sehr wohl fähig dazu.*

Die zweite Reaktion drückt sich oft so aus: »Gibt es nicht gewisse Dinge, die jeder wissen muß, und ist es nicht unsere Aufgabe, sicherzustellen, daß Kinder sie wissen?« Dieses Argument kann von mehreren Seiten her angegriffen werden. Es gibt keinen Beweis dafür, daß irgendwelche bestimmten Kenntnisse für jedermann lebenswichtig sind, ausgenommen vielleicht das Lesen, das aber sowieso eine Fähigkeit ist, und nicht ein Wissen. Nützliches und praktisches Wissen gibt es sicher; lebenswichtig ist es nicht. Weiterhin gehen die Meinungen derjenigen, die glauben, Wissen sei so wesentlich, weit darüber auseinander, welches Wissen dies sei. Die Historiker würden wahrscheinlich Geschichte, Linguisten die Sprache, Mathematiker Mathematik angeben, usw. Um es in den Worten von Jimmy Durante zu sagen: »Jeder will sich auf der Bühne sehen.« Außerdem ist unser Wissen Änderungen unterworfen, es wird nutzlos und veraltet oder sogar geradezu falsch. Vertreter des lebenswichtigen Wissens entschieden, als ich noch zur Schule ging, ich sollte Physik und Chemie studieren. In Physik gebrauchten wir ein anerkanntes und damals modernes Textbuch, in dem auf Seite 1 stand, Materie könnte nicht geschaffen oder vernichtet werden. Aus der Chemie erinnere ich mich noch an eine oder zwei Formeln und an den Begriff der »Valenz«. Ich erwähnte eines Tages in einem Gespräch mit einem Chemiker diesen Valenzbegriff, und er lachte. Als ich ihn fragte, was daran so lustig sei, sagte er: »Niemand spricht heute noch vom Valenzbegriff; er ist inzwischen veraltet.« Bei der Geschwindigkeit des heutigen Fortschritts ist es noch viel wahrscheinlicher, daß das, was die Kinder heute lernen, in zwanzig Jahren überholt sein wird, als zur Zeit, da ich zur Schule ging.

Mein eigentlicher Grund dafür, daß der Lernende selbst am besten beurteilen kann, was er als nächstes lernen sollte, ist jedoch ein ganz anderer. Ich wäre selbst dann dagegen, daß wir die Köpfe der Kinder mit Wissen vollstopfen, wenn Übereinstimmung über dieses Wissen bestünde, und wenn es mit Sicherheit nicht bald überholt sein würde – auch dann, wenn es, einmal eingepaukt, drinnen bleiben würde. Selbst dann würde ich dem Kind sein Lernen selbst anvertrauen. Denn es scheint mir eine erwiesene Tatsache zu sein, daß wir in unserer Anstrengung, uns im Leben zurechtzufinden und es besser zu verstehen, von selbst die Dinge am meisten lernen wollen, deren wir am meisten bedürfen. Anders ausgedrückt, Neugier ist selten eine eitle und müßige Angelegenheit. Was wir wissen wollen, wollen wir aus einem bestimmten Grunde wissen. Der Grund ist der, daß es eine Lücke, ein Loch oder einen freien Raum in unserem Verständnis der Dinge, das heißt in dem gedachten Bild der Welt, gibt. Wir fühlen diese Lücke wie ein Loch in einem Zahn und wir wollen sie gerne ausfüllen. Sie ist es, die uns fragen läßt »Wie? Wann? Warum?« Solange die Lücke besteht, sind wir gespannt, werden wir hingehalten. Man achte auf den angstvollen Ton in der Stimme, wenn jemand sagt: »Das verstehe ich nicht!« Und wenn die Lücke in unserem Verständnis ausgefüllt ist, fühlen wir uns angenehm erleichtert und zufrieden. Die Dinge wurden wieder verständlich, oder sind jedenfalls verständlicher geworden.

Wenn wir so, aus diesen Motiven heraus lernen, so lernen wir sowohl schnell wie beständig. Wer wirklich etwas wissen muß, dem muß man es nicht hundertmal sagen, den muß man nicht drillen und prüfen. Einmal genügt. Das neue Stück Wissen paßt in die Lücke, die auf es wartet, wie ein fehlendes Teil in einem Puzzlespiel. Einmal eingesetzt, wird es auch behalten, kann es nicht mehr herausfallen. Wir pflegen die Dinge, die die Welt uns vernünftiger und interessanter erscheinen lassen und unser gedachtes Bild von ihr vollständiger und genauer, nicht zu vergessen. Wenn es nun möglich wäre, daß wir in die Köpfe der Kinder hineinsehen könnten und sehen könnten, welche Lücken in ihren Denkvorstellungen am meisten des Ausfüllens bedürften, so könnte man sich dafür einsetzen, daß ihnen die Informationen gegeben werden, deren sie benötigen, um jene Lücken zu füllen. Dies ist aber nicht möglich. Wir können nicht herausfinden, wie die Denkmodelle der Kinder aussehen; auch nicht, wo sie die Wirklichkeit nur verzerrt wiedergeben und wo sie unvollständig sind. Wir können nicht in direkten Kontakt mit dem Weltverständnis eines Kindes treten. Warum nicht? Erstens, weil es sich zu einem großen Teil seines eigenen Verstehens nicht bewußt ist. Zweitens weil es nicht imstande ist, sein Verständnis in Worte zu fassen, schon gar nicht Worte, von denen es sicher sein kann, daß sie uns das gleiche bedeuten wie ihm selbst. Drittens, weil wir keine Zeit haben. Worte sind nicht nur ein schwerfälliges und vieldeutiges Verständigungsmittel, sie sind außerordentlich langsam. Um nur einen kleinen Ausschnitt seines Weltverständnisses zu beschreiben, müßte jeder ein Buch schreiben, das zu lesen uns einen ganzen Tag kosten würde.

Ich brauche mir nur einige meiner Bekannten vorzustellen; wir kennen einander recht gut, kennen die Interessen des anderen und sprechen die gleiche Sprache. Es kann sein, daß wir uns einen ganzen Abend lang unterhalten und jeder von uns versucht, die Gedanken des anderen zu verstehen. Am Ende des Abends besitzen wir vielleicht mit viel Glück eine nur unbedeutend verbesserte Vorstellung davon, wie der andere über eine eng umrissene Sache denkt. Andererseits kann es vorkommen, daß ein Gesprächsabend, so angenehm und interessant er auch gewesen sein mag, uns doch nur erkennen ließ, wie wenig wir den anderen verstehen, wie groß die Klüfte und Geheimnisse zwischen uns sind.

Der menschliche Geist ist ein Geheimnis. Dies wird er wahrscheinlich in einem sehr großen Ausmaß immer bleiben. Wir werden in der schulischen Ausbildung nie sehr weit kommen, wenn wir uns dies nicht klarmachen und uns nicht von dem irrigen Glauben lösen, wir könnten das, was in den Köpfen der Kinder vorgeht, wissen, messen und kontrollieren. Sein eigenes Bewußtsein zu kennen ist für einen Menschen schwierig genug. Ich bin ein in hohem Grade nach innen gerichteter, sich selbst beobachtender Mensch. Ich habe mich lange Zeit mit meinen eigenen Gedanken, Gefühlen und Motiven beschäftigt und versuchte immer, so viel wie möglich über mich selbst zu erfahren. Nach vielen Jahren glaube ich jetzt, daß ich nur einen sehr kleinen Teil dessen, was in mir vorgeht, kennengelernt habe. Welch ein Unsinn wäre es, anzunehmen, ich könnte wissen, was in jemand anderem vorgeht.

Ich höre im Geiste schon die ängstlichen Stimmen von Hunderten von Eltern und Lehrern, die mich fragen: »Wie stellen Sie denn fest, woher wissen Sie, was Kinder lernen, ja ob sie überhaupt etwas lernen?« Die Antwort ist einfach. Wir wissen es nicht. Es gibt keine Sicherheit. Was ich über Unterricht zu sagen versuche, beruht auf einer Überzeugung, die ich, obwohl vieles für sie spricht, nicht beweisen kann, und die vielleicht nie bewiesen werden kann. Nennen wir sie einen Glauben.

Der Glaube besagt, daß der Mensch von Natur aus ein lernendes Tier ist. Vögel fliegen, die Fische schwimmen, der Mensch denkt und lernt. Deshalb brauchen wir Kinder nicht zum Lernen zu überreden, verführen oder drängen. Es ist nicht notwendig, daß wir ständig auf ihren Gedanken herumhacken, um sicher zu gehen, daß sie etwas lernen. Was wir tun müssen, und was ausreicht, ist, daß wir soviel wie möglich von unserer Welt in die Schule und in die Klassenräume hineintragen, daß wir Kindern die Hilfe und Führung geben, die sie benötigen und von uns verlangen; und daß wir ihnen mit Achtung zuhören, wenn sie mit uns sprechen wollen, und sie ansonsten in Ruhe lassen. Wir dürfen darauf vertrauen, daß sie das übrige selbst tun.